Grohnfeldt
Grundlagen der Therapie
bei sprachentwicklungsgestörten
Kindern

Grundlagen der Therapie bei sprachentwicklungsgestörten Kindern

Von Professor Dr. Manfred Grohnfeldt

Mit zahlreichen Abbildungen
und Tabellen

EDITION MARHOLD
IM WISSENSCHAFTSVERLAG VOLKER SPIESS

Die Deutsche Bibliothek – CIP- Einheitsaufnahme

Grohnfeldt, Manfred:
Grundlagen der Therapie bei sprachentwicklungsgestörten
Kindern / von Manfred Grohnfeldt. – 4. Aufl. – Berlin: Ed.
Marhold im Wiss.-Verl. Spiess, 1997
ISBN 3-89166-088-X

4. Auflage

© 1997 Edition Marhold im
Wissenschaftsverlag Volker Spiess GmbH, Berlin
Druck: WB-Druck, Rieden
ISBN 3-89166-088-X

Inhaltsverzeichnis

I. Einleitung

Problemstellung

Die Therapie von sprachentwicklungsgestörten Kindern gehört zu den vorrangigen Aufgabengebieten aller im Rahmen der Sprachtherapie tätigen Personenkreise. Die Ursache dafür liegt einerseits in der Häufigkeit des Auftretens, andererseits in der Vielfalt des Erscheinungsbildes gestörter Spracherwerbsprozesse.

Abweichungen der Sprachentwicklung können sich auf die isolierte Störung einer Sprachebene (z.B. Artikulationsstörungen) beschränken, sich strukturell auf mehrere Sprachebenen erstrecken (z.b. Störungen im Bereich der Artikulation sowie der syntaktisch-morphologischen Regelbildung) oder im Rahmen eines weiterreichenden Störungssyndroms auftreten, bei dem nicht nur die Sprache, sondern auch andere Entwicklungsbereiche (z.B. Störungen des Lernens und der Wahrnehmungsverarbeitung) betroffen sind. Neuere Forschungen deuten dabei darauf hin, daß Sprachentwicklungsstörungen häufig als Folge und herausragendes Zeichen dahinterstehender gestörter sensomotorischer Grundfunktionen der Wahrnehmung, Motorik, Kognition usw. anzusehen sind, deren Zusammenspiel Voraussetzungen für die Ausbildung von Sprache darstellt. Dementsprechend verschiedenartig kann nicht nur die Erscheinungsform bei unterschiedlichem Schweregrad, sondern auch der – mögliche – Bedingungshintergrund von Sprachstörungen sein. Er reicht von organischen Ursachen bis zu umweltbedingten Störungen im familiären Kontext, wobei selten eindeutige Kausalzuordnungen möglich sind und zumeist ein Netz von sich gegenseitig beeinflussenden Faktoren angenommen werden muß.

Additive, unverbundene und fragmentarische Therapieansätze können dieser Vielfalt des Erscheinungsbildes nicht gerecht werden. Es ergibt sich die Notwendigkeit eines variablen, auf die individuelle Störungsform zentrierten therapeutischen Zugriffs. Dazu ist ein einheitlicher Bezugsrahmen erforderlich, in dem Ergebnisse und Denkweisen der Pädagogik, Psychologie, Linguistik usw. verarbeitet sind.

Selbstverständnis und theoretische Grundlage

Ein kurzer historischer Rückblick zeigt, daß aufgrund der Entstehungs-
geschichte der Sprachbehindertenpädagogik und Logopädie in
Deutschland sich das sprachtherapeutische Vorgehen lange Zeit auf
Verfahren aus der Hörgeschädigtenpädagogik und Medizin reduzierte.
In den letzten Jahren mehren sich jedoch Veröffentlichungen (u.a. *Westrich 1977, Knura 1974, 1980; Homburg 1978, Grohnfeldt 1982),* die bei al-
ler Unterschiedlichkeit des theoretischen Hintergrundes der Autoren
übereinstimmend zu einer Überwindung eines ausschließlich symptomorientierten Grundverständnisses beitragen.
An dieser Stelle erfolgt eine Weiterführung von Gedankengängen unter
Akzentuierung praxisrelevanter Überlegungen zur Sprachtherapie, die
bereits im Rahmen einer Abhandlung des Verfassers zu Störungen der
Sprachentwicklung (*Grohnfeldt 1982*) einführend dargestellt wurden.
Das zugrundegelegte Menschenbild bezog sich dabei auf *handlungs-
orientierte Modellvorstellungen,* bei denen die Eigenaktivität des Individuums in einem interaktionalen Bezugsrahmen akzentuiert wird. Didaktisch-methodische Festlegungen sind damit nicht verbunden. „Hand-
lungsorientierung liefert zunächst keine Inhalte, sondern verändert den
Modus der pädagogischen Aktion durch Betonung selbstregulativer
Funktion" *(Homburg* 1981, 271). Das praktische Vorgehen ergibt sich
daraus nicht im Sinne direkter Ableitungen, sondern über die Entwicklung eines Grundverständnisses, aus dem heraus sprachtherapeutisches Handeln erfolgt.

Im Sinne eines *spracherwerbsorientierten* statt symptomspezifischen
Vorgehens sollte sich Sprachtherapie dabei weitgehend an den Bedingungen der normalen Sprachentwicklung orientieren. Diese sind gekennzeichnet durch
- *Mehrdimensionalität:* Der kindliche Spracherwerb wird im Zusammenhang mit der Entwicklung sensorischer, motorischer, kognitiver, emotionaler und sozial-kommunikativer Funktionsbereiche gesehen, wobei sich die einzelnen Bereiche in ihrer Wirkungsweise gegenseitig
  beeinflussen. Aufgrund einer hierarchischen Struktur der einzelnen
  Entwicklungsbereiche bilden basale sensomotorische Schemata den
  Ursprung für darauf aufbauende Spracherwerbsprozesse.
- *Interaktionalität:* Bereits zu einem frühen Zeitpunkt werden die beim
  Spracherwerb ablaufenden Vorgänge als wechselseitig bedingt angesehen. Nicht nur der Erwachsene beeinflußt durch sein Verhalten das

2

Kind, sondern auch das Kind wirkt aktiv auf die Einstellung und Erziehungsmaßnahmen des Erwachsenen ein.

Dementsprechend ist die Erweiterung der kindlichen Ausdrucksmöglichkeiten nicht auf Sprache im engeren Sinne beschränkt. Sie umfaßt alle verbalen und nonverbalen Bereiche der Kommunikation.

Die dabei ablaufenden Prozesse im Rahmen der Eltern-Kind-Interaktion werden durch emotionale Faktoren entscheidend beeinflußt. Dies erweist sich im Rahmen des sprachtherapeutischen Interaktionsvorganges als außerordentlich wesentlich: der *Beziehungsaspekt* und das *ganzheitliche Verstehen* entscheiden in vielen Fällen über das Gelingen der Therapie. Damit rückt die Persönlichkeit des Therapeuten in den Vordergrund. Sein Menschenbild und sein Selbstverständnis beim Umgang mit Kindern und Eltern bilden den Rahmen und die Grundlage für die Therapie.

Dies impliziert bestimmte Konsequenzen für die *Ausbildung* von sprachtherapeutisch tätigen Berufsgruppen, die nicht bei der Vermittlung von Techniken stehenbleiben darf. Diese sind als „Handwerk" eine notwendige, aber nicht hinreichende Voraussetzung für die Durchführung von Sprachtherapien, die prozeßhaften Veränderungen unterworfen werden und immer Ausdruck der zugrundeliegenden Beziehung aller beim Interaktionsvorgang Beteiligten sind.

Hinter jeder Therapie steht der Therapeut als Person, wobei sein Verhalten und die Wahl seiner Methoden Ausdruck seiner eigenen Persönlichkeit sein sollten. Jeder Therapeut muß seine individuelle und ihm eigene Art der Therapie finden, hinter der er voll steht. Erst dann ist er glaubhaft und wirksam. Technik allein reicht nicht – die therapeutische Einstellung allein aber auch nicht, wenn die notwendigen Therapieverfahren nicht beherrscht werden.

Dementsprechend sollten in der Ausbildung nicht nur grundlegende Kenntnisse zur kindlichen Sprachentwicklung und ihren Abweichungen sowie fachwissenschaftliche Grundlagen zur Sprachtherapie in Theorie und Praxis vermittelt werden, sondern darüber hinaus Möglichkeiten zur Selbsterfahrung und persönlichen Besinnung gegeben werden. Neben der Vermittlung von theoretischen Grundkenntnissen sollte der Praxiserfahrung hierbei ein hoher Stellenwert eingeräumt werden, um zu vermeiden, daß der Absolvent zwar „viel weiß, aber wenig kann" (*Grissemann* 1983, 29).

Im einzelnen bedeutet dies, daß
– sprachtherapeutische Grundqualifikationen beim Umgang mit Kindern verschiedener Altersstufen sowie ihren Eltern unter Supervision

in unterschiedlichen Handlungsfeldern und Institutionen als Voraussetzung erlernt werden müssen,
- darüber hinaus eine Schulung der sozialen Wahrnehmungs- und Diskriminiationsfähigkeit als zentrale Kompetenz des Therapeuten erforderlich ist. Dies bezieht sich auf Prozesse der Selbsterfahrung sowie die Analyse und Gestaltung von Interaktionsabläufen im Therapie- und Elterngespräch. Der Umgang mit Eltern und Kindern soll auf der Grundlage praktischer Erfahrungen im Rollenspiel, Demonstrationsexperiment oder in der konkreten Situation erlebbar gemacht und reflektiert werden,
- die Gewinnung eines eigenen Standortes und Selbstverständnisses den genannten praxisrelevanten Qualifikationsmerkmalen letztlich übergeordnet ist. Therapeutisches Handeln ist immer Ausdruck des zugrundeliegenden Menschenbildes und der individuellen Biographie. Für die damit angesprochene persönliche Selbstfindung kann ein Literaturstudium nur Anlaß, aber nicht ausreichend sein. Entscheidend ist die ständige Auseinandersetzung des einzelnen mit seiner Umwelt, bei der das Studium nur *ein* Handlungsfeld unter vielen darstellt.

Zielvorstellung und Gliederungsübersicht

Aus den bisherigen Überlegungen leitet sich die übergreifende Zielvorstellung des Buches ab. Zum einen soll eine umfassende Übersicht über sprachtherapeutische Verfahren vermittelt werden, zum anderen wird immer wieder implizit und explizit auf Fragen des therapeutischen Selbstverständnisses eingegangen, vor dessen Hintergrund diese Verfahren im Interaktionsprozeß ihre Anwendung finden.
Dem zugrundegelegten Ansatz entsprechend erfolgt dabei eine
- Kennzeichnung des Personenkreises durch Aussagen zur normalen und gestörten Sprachentwicklung,
- Reflexion zum Selbstverständnis sowie den Prinzipien und Grenzen sprachtherapeutischen Vorgehens,
- schwerpunktmäßige Darstellung und Kritik zu didaktisch-methodischen Fragestellungen der Sprachtherapie, wobei auf das Therapeutenverhalten, spezielle Übungsmaßnahmen mit dem sprachgestörten Kind im Rahmen eines ganzheitlichen Konzeptes sowie auf Hinweise zur Arbeit mit den Eltern eingegangen wird,
- übergreifende Betrachtung zur Realisierung eines spracherwerbsbe-

zogenen Vorgehens unter besonderer Berücksichtigung konkreter Fallbeispiele.

Eine – fiktive – Vollständigkeit der Aussagen und Verfahren ist dabei sicher nicht zu erreichen. Dies wird auch nicht angestrebt. Es geht eher um die Verdeutlichung eines Prinzips, nach dem jeder einzelne auf der Grundlage eines fundierten Kenntnisstandes die ihm adäquate Form des therapeutischen Vorgehens finden muß. Dazu will die Arbeit Denkimpulse geben.

2. Kennzeichnung des Personenkreises

Sprachentwicklungsstörungen machen den weitaus größten Anteil kindlicher Sprachabweichungen aus. Schwerpunktmäßig sind sie auf den Altersbereich der Vier- bis Zehnjährigen zentriert. Rest- und Teilsymptome können auch in höheren Altersstufen auftreten und zu einer latenten Sprachauffälligkeit führen.

Von Bedeutung ist, daß es sich nicht um ein eindeutiges, nach objektiven Wertmaßstäben eingrenzbares Phänomen handelt. Die Beurteilung des sprachlichen Ausdrucksvermögens unterliegt dem subjektiven Erwartungsanspruch und ist somit von relativen Normvorstellungen abhängig. Von daher bestehen fließende Übergänge zu den als normal angesehenen sprachlichen Entwicklungsverläufen, zu anderen Sprachauffälligkeiten sowie zu sensorischen, kognitiven und sozial-emotionalen Entwicklungsstörungen.

Die nähere Eingrenzung und Bestimmung des Störungsphänomens beschränkte sich dabei lange Zeit auf eine Klassifikation nach den als besonders auffällig empfundenen sprachspezifischen Abweichungen des Artikulationsvermögens und der grammatischen Regelkompetenz, die herkömmlich als „Stammeln" und „Dysgrammatismus" bezeichnet werden. Derartige Termini können nicht nur zu Etikettierungen werden, sondern zuweilen auch den Blick für den Komplexitätsgrad eines weiterreichenden Störungssyndroms verstellen. Ihr Gebrauch – beispielsweise in Gutachten – sollte deshalb reflektiert und mit ergänzenden Kommentaren versehen werden. Im Vordergrund sollte eine Beschreibung des abweichenden (Sprach-)Entwicklungsablaufes hinsichtlich des sprachstörungsspezifischen Erscheinungsbildes, aber auch in bezug auf die Einbettung der Sprachstörung in das Kompendium des Entwicklungs- und Sozialisationsverlaufes stehen.

Dazu ist es zunächst erforderlich, auf Grundlagen zu einer als „normal" angesehenen Sprachentwicklung einzugehen, da erst dann gestörte Spracherwerbsprozesse hinreichend verstanden werden können. Die nähere Einsicht in den Bedingungshintergrund normaler wie gestörter Sprachentwicklung wiederum bietet Ansatzstellen für den diagnostisch-therapeutischen Prozeß eines ursachenspezifischen Vorgehens. Die nachfolgenden Aussagen verstehen sich als kurze Einführung in die Thematik. Weiterreichende Belege finden sich u.a. bei *Grohnfeldt* (1982).

2.1. Zur altersgemäßen Sprachentwicklung

2.1.1. Die Einbettung des Spracherwerbs in den frühkindlichen Entwicklungs- und Sozialisationsprozeß

Die kindliche Sprachentwicklung ist kein isolierter Vorgang, sondern Teil einer umfassenden Gesamtentwicklung, bei der sich sensorische, motorische, sprachliche, kognitive und sozial-emotionale Funktionsbereiche in ihrer Wirkungsweise wechselweise beeinflussen. Dabei bilden sensomotorische Grundlagen auditiver, motorisch-kinästhetischer und visueller Systeme die Basis für darauf aufbauende höhere psychische Funktionen der kognitiven und sprachlichen Entwicklung. Vollzogen wird dieser Prozeß der Wahrnehmungsverarbeitung und Bewegung im Rahmen der kindlichen Kommunikation in der Eltern-Kind-Interaktion, die zum Bindeglied von Sensomotorik und Umwelt wird.
Die kindlichen Entwicklungsfortschritte sind dabei von neurophysiologischen Reifungsvorgängen sowie der sozialen Umweltstimulanz abhängig. Beide Bereiche sind nicht isoliert voneinander zu verstehen. Vielmehr wird der Spracherwerb als dynamischer Prozeß vorhandener Dispositionen und stimulierender Umweltanregung aufgefaßt, bei dem die Ausbildung und Differenzierung des Zentralnervensystems von den Anregungspotentialen der Umwelt abhängig ist. Diese Vorstellungen gehen auf das *Konzept der funktionalen Hirnsysteme* zurück, das vor allem durch die Arbeiten von *Luria* (1970, 1978) internationale Beachtung fand. Im Gegensatz zur klassischen Zentrenlehre, bei der eng abgegrenzten Gehirnarealen spezifische Funktionen zugeschrieben wurden, steht das Zusammenwirken variabler, sich gegenseitig überschneidender funktionaler Einheiten im Vordergrund. Statt isolierter Zentren werden also mehrere Teileinheiten bei einer dynamischen Lokalisation einzelner Funktionen wirksam. Die organische Grundlage bilden Funktionssysteme, die sich auf der Basis einer dem Organismus und den Umweltbedingungen am besten angepaßten Wirkung im frühkindlichen Kommunikationsprozeß und durch gegenständliches Hantieren des Kindes ausbil-

den. „In der Wechselwirkung von Kommunikation und gegenständlicher Tätigkeit formieren sich allmählich die höheren psychischen Funktionen, deren materielles Substrat die komplizierten funktionellen Systeme zusammenarbeitender Hirnrindenzonen darstellen" (*Becker* et al. 1983, 46). Dadurch erfolgt eine etappenweise Ausbildung des sprachfunktionalen Systems als Teilsystem mit den Gliedern der Informationsaufnahme, -verarbeitung und -verwendung.

Die variable Zusammensetzung unterschiedlicher Teilsysteme erlaubt hierbei eine große Vielfalt an Kombinationsmöglichkeiten, wobei die einzelnen Teilglieder wiederum aus verschiedenen Funktionen zusammengesetzt und hierarchisch organisiert sind. „Der wesentlichste Teil des funktionellen Systems besteht darin, daß es in der Regel auf einer komplizierten dynamischen Konstellation von Gliedern beruht, die auf verschiedenen Stufen des Nervensystems liegen, und daß diese Glieder, die an der Realisierung der Anpassungsaufgabe beteiligt sind, wechseln können, während die Aufgabe selbst unverändert bleibt" (*Luria* 1970, 41). Ist der Zusammenschluß der einzelnen Teilglieder erst einmal entstanden, so arbeiten diese als komplexes Ganzes weiter. Die zusammengesetzte Entstehung wird erst bei Störungen offenkundig. So führen umschriebene organische Schädigungen (z.B. ein cerebraler Insult mit nachfolgender Aphasie) zur Beeinträchtigung einer ganzen Reihe von funktionalen Systemen, so daß ein Symptomenkomplex auftritt, der aus äußerlich heterogenen, tatsächlich aber innerlich zusammenhängenden Partialsymptomen besteht. Durch die Polyvalenz der einzelnen Glieder des Systems kann ein einzelnes defektes Glied mehrere Symptome zur Folge haben. Fällt ein Teilglied aus, so muß der gesamte Vorgang und nicht nur das Einzelelement neu organisiert werden.

Diese hier nur kurz skizzierten Gedankengänge, die im Rahmen der Sprachbehindertenpädagogik vor allem durch *Graichen* (1973, 1979, 1979 a) bekannt geworden sind, haben erhebliche *Konsequenzen für das Verständnis sowie das diagnostische und therapeutische Vorgehen bei Sprachentwicklungsstörungen:*

– Eine Klassifikation nach äußeren Oberflächensymptomen ist unzureichend, da der Zusammenhang zwischen den einzelnen Funktionsgliedern und der möglichen Grundstörung unentdeckt bleibt (Bsp.: Störungen der auditiven Reizverarbeitung führen zu einer kombinierten Lern- und Sprachstörung).

– Die Wechselseitigkeit der einzelnen Funktionsbereiche bedingt, daß bei Sprachentwicklungsstörungen häufig eine multiple Verursachung zugrundegelegt und nur in Ausnahmefällen eindeutige Kausalzusam-

menhänge (Bsp.: LKG-Spalten, Hörschäden) nachgewiesen werden können.
- Die diagnostische Aufgabenstellung sollte dementsprechend über die Beurteilung und Quantifizierung des sprachpathologischen Phänomens an sich hinausgehen und eine Analyse des zugrundeliegenden Bedingungsgefüge beinhalten. Eine äußerlich zunächst gleichartig erscheinende Sprachstörung kann als Oberflächensymptom unterschiedliche sprachtragende Funktionsstörungen rhythmischer, sensorischer und kinästhetischer Regulationsysteme aufweisen (Bsp.: Störungen auf der Lautebene können schwerpunktmäßig im Zusammenhang mit einer phonematischen Differenzierungsschwäche als sensorisch-impressives Stammeln, aber auch bei einer kinästhetischen Rückkoppelungsschwäche als motorisch-expressives Stammeln auftreten).
- Dementsprechend sollten die Therapiemaßnahmen ursachen- statt symptomspezifisch ausgerichtet sein, indem der Mechanismus berücksichtigt wird, der bei der Entstehung des Störungsbildes hauptsächlich zugrunde liegt (Bsp.: Einsatz von Hörerziehungsmethoden bei sensorischem Stammeln und übungstherapeutischen Ansätzen bei expressivem Stammeln).

2.1.2. Sprachspezifische Entwicklungsverläufe und Strukturierung

Modalitäten des Spracherwerbs und altersspezifische Variation

Im allgemeinen erfolgt eine Unterteilung in vorsprachliche Lallphasen sowie die eigentliche Sprachentwicklung, die mit dem ersten intentional gebrauchten Wort (ca. 11. bis 14. Lebensmonat) beginnt. Gemeinsam ist ihnen die Einbettung in den allgemeinen Sozialisationsprozeß, bei dem über die Lebens- und Umweltbedingungen und frühkindlichen Erfahrungen in der Familie entscheidende Entwicklungsprozesse angebahnt werden.
Die Vorstadien der Sprachentwicklung im *1. Lebensjahr* erstrecken sich auf die Schreiphasen (bis 7./ 8. Woche) und Lallperioden (2. bis 10./ 12. Monat). Dabei sind nahezu alle Lautproduktionen aus Funktionslust möglich. Im Zusammenhang mit nonverbalen Ausdrucksmitteln wie Mimik, Gestik, Strampeln usw. haben sie bereits eine kommunikative Funktion und werden zu einem wesentlichen Element der frühkindlichen Eltern-Kind-Interaktion.
Ab dem 5./ 6. Monat kann das Kind aktiv und zielgerichtet greifen.

9

Gleichzeitig kommt es zu einem Übergang zur gegenständlichen Wahrnehmung. Dadurch werden sensomotorische Prozesse ermöglicht, die Grundlage zu einer *primären Stufe der Begriffsbildung* werden. Während des Hantierens mit Gegenständen (Puppen, Autos, Bälle ...) werden erste Prozesse eines gegenständlichen Denkens eingeleitet, die selektiv, klassifizierend und anschaulich gebunden sind, aber grundlegend für darauf aufbauende höhere Stufen kognitiver Strukturierung werden. In dieser Phase versteht das Kind nicht Sprache an sich, sondern es interpretiert die *Situation* und den Menschen, der zu ihm spricht. Neben emotionalen Faktoren spielen dabei die Intonation, der Rhythmus, Tonfall usw. eine wesentliche Rolle. Sie werden leichter nachgeahmt als Laute und Wörter. – Bereits hier deuten sich wesentliche Hinweise zur Therapie bei schwerstsprachbehinderten Kindern an.

Im *2. Lebensjahr* beginnt die eigentliche Sprachentwicklung, bei der das Kind den Zusammenhang von Wortbedeutung und Gegenstand erkennt und den Begriff zielgerichtet verwendet. Dabei wird die Sprache des Erwachsenen nicht einfach nachgeahmt, sondern über eine selektive Wahrnehmung und *aktive Rekonstruktion* mit eigenen Mitteln gestaltet. Das Kind erwirbt und speichert nicht nur isolierte Wörter, sondern es eignet sich sprachliche Einheiten im situativen Kontext an. Als wesentlich erweist sich hier das gemeinsame Handeln von Eltern und Kind. „Sprache entwickelt sich prinzipiell nur durch sprachliche Tätigkeit. Dazu bedarf es kommunikativer Situationen" (*Becker* et al. 1983, 20).

Die Einbettung in den allgemeinen Entwicklungsprozeß bringt es mit sich, daß sich die Entstehung kognitiver Prozesse auf das sprachliche System überträgt. Es kommt zu einer Strukturbildung kognitiv-sprachlicher Verknüpfungen in einem hierarchischen System. Differenzierte Prozesse der Wahrnehmung und Wahrnehmungsverarbeitung, die Ausbildung des Gedächtnisses und der Abrufbereitschaft ermöglichen den Übergang vom gegenständlichen zum abstrakten Vergleich und damit die *sekundäre Begriffsbildung*.

Ab dem *3. Lebensjahr* nimmt die Bedeutung von Spielhandlungen bei der Verknüpfung sprachlicher und kognitiver Fähigkeiten zu. Im kindlichen Rollenspiel kommt es zu einem lauten, handlungsbegleitenden Sprechen bzw. zu einem situationsgebundenen Sprechen in dialogischer Form. Das Kind versucht erste Zusammenhänge zu ergründen (Warum?) und entwickelt ein erstes Bewußtsein für den Zeitbegriff (Wann?). Der zunehmende Sprachbesitz und die Ausbildung kognitiver Schemata ermöglichen ein „Worten" der Umwelt. Damit ist eine zunehmende Realitätserschließung verbunden.

Strukturierung nach Sprachebenen

Die Aufteilung der kindlichen Sprachentwicklung in verschiedene Sprachebenen ist letzlich eine künstliche Trennung, da es sich um einen weitgehend analog ablaufenden Prozeß handelt. Die Unterscheidung wird vorwiegend aus Gründen der Systematisierung vorgenommen, um komplex ablaufende Vorgänge durchschaubar zu machen. Im allgemeinen werden dabei die phonetisch-phonologische, semantisch-lexikalische und syntaktisch-morphologische Ebene unterschieden, denen die pragmatisch-kommunikative Ebene übergeordnet ist. Auf allen Ebenen geht dabei das Sprachverständnis der Sprachproduktion voraus.

– Die *phonetisch-phonologische Ebene* bezieht sich auf die Lautdiskrimination und Lautbildung. Hinsichtlich des Schwierigkeitsgrades der einzelnen Laute bzw. Lautverbindungen soll auf eine in Anlehnung an die allgemeinen Lautgesetze von *Jakobson* (1972) durchgeführte empirische Erhebung von *Grohnfeldt* (1980, 174) hingewiesen werden, in der der Zusammenhang von Lautbeherrschung und Lebensalter für den deutschsprachigen Raum präzisiert werden sollte.

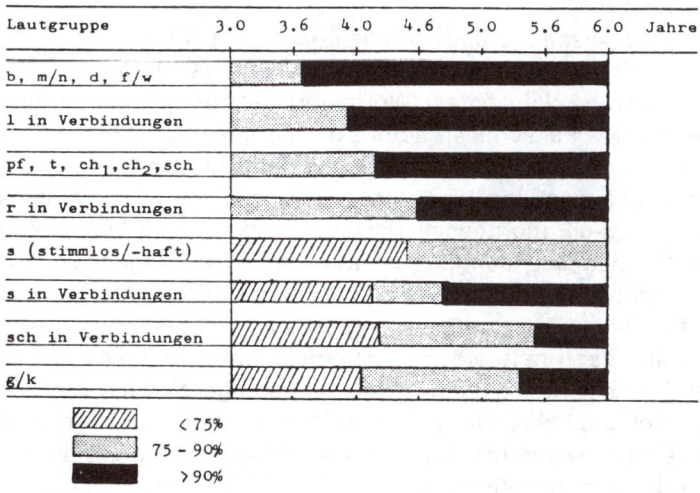

Abb. 1 : Lautbeherrschung und Lebensalter

Daraus ist ersichtlich, daß die Lautbeherrschung kontinuierlich von Bilabialen bis zu Sibilanten fortschreitet. Zu beachten ist dabei, daß letztlich keine isolierten Einzellaute erworben werden, sondern komplexe Mu-

11

ster und Strukturen im Rahmen der Begriffsbildung. Das Kind erweitε seinen Wortschatz und verwendet dabei Lautverbindungen. Dieser Vorgang ist von motivationalen, situativen und interaktionalen Aspekten abhängig.

– Die *semantisch-lexikalische Ebene* geht auf die Begriffsbildung sowie den passiven und aktiven Wortschatz ein. Es erfolgt eine Zuordnung zwischen Gegenständen, Personen usw. und den betreffenden Bezeichnungen im konkreten Situationszusammenhang. Dabei spielen emotionale und nonverbale Elemente eine wichtige Rolle. Dieser Prozeß erfolgt auf der Grundlage der Kategorisierung, Differenzierung und Transformation, wobei über eine allmähliche Bedeutungserweiterung und Bedeutungsverengung der Zusammenhang von Begriff und zu bezeichnendem Objekt immer weiter präzisiert wird. Dieser Vorgang setzt voraus, daß das Kind nicht mehr ausschließlich Ganzheiten erkennt, sondern zur Abstraktion von Einzelementen optischer, auditiver und kinästhetischer Wahrnehmung fähig ist. Die damit angesprochenen kognitiven Fähigkeiten verweisen darauf, daß die Entwicklung der Wortbedeutung Teil der gesamten geistigen Entwicklung des Kindes ist und zu seiner Realitätserschließung beiträgt (*Szagun* 1983).

– Die *syntaktisch-morphologische Ebene* geht auf das Verständnis und den Gebrauch grammatischer Regeln ein. Dabei wird angenommen, daß das Kind nicht einfach Wörter lernt, sondern Konstruktionsregeln aus der Erwachsenensprache extrahiert, die es ihm durch Transformation erlauben, eigenständige und dabei grammatisch richtige Sätze zu erzeugen. Über die Generalisierung von Regeln erwirbt das Kind die Fähigkeit, morphosyntaktische Strukturen zu beherrschen und durch Analogiebildungen zu erweitern. Dieser Vorgang ist eng an die semantische und kognitive Strukturierung gebunden, die wiederum auf sensomotorische Grundprozesse zurückgreift.

– Die übergeordnete *pragmatisch-kommunikative Ebene* verweist darauf, daß das Kind nicht nur Sprache im engeren Sinne lernt, sondern letztlich die Fähigkeit zu einer situationsadäquaten Kommunikation. Dies setzt wiederum die Fähigkeit voraus, den Interaktionskontext richtig zu interpretieren.

Damit werden neben den Möglichkeiten eines differenzierten Wortschatzes und der grammatischen Regelkenntnis auch nonverbale Bestandteile der Kommunikation (Gestik, Mimik, Körperhaltung, Stimmgebung, Sprechweise ..) bedeutsam, die das gesprochene Wort begleitend kommentieren und zum Gradmesser affektiver Gestimmtheit und gegenseitigen Verstehens werden. Die Kommunikation selbst wird nicht nur durch den Sachinhalt, sondern auch durch die Beziehung der Interaktionspartner, ihre gegenseitige Einstellung und Interpretation bestimmt (*Watzlawick* et al. 1969).

Hinweise zum sprachtherapeutischen Vorgehen

Die Kriterien bei der Auswahl des hier nur abrißartig dargestellten kindlichen Sprachentwicklungsprozesses bestanden darin, aus der Kenntnis des als normal angesehenen Entwicklungsverlaufes Hinweise für die Theorie und Praxis der Sprachtherapie abzuleiten. Als wesentlich soll dabei herausgestellt werden:
Ausgangspunkt des Spracherwerbs ist das gegenständliche Hantieren und gemeinsame Handeln in der Eltern-Kind-Interaktion bzw. im Spiel. Eine als emotional anregende Situation und das sich ständig wiederholende Wechselspiel der Interaktionspartner werden zur Grundlage für das Ingangsetzen und Bekräftigen von kognitiven, sprachlichen und sozialen Lernprozessen. Das Erleben der Übereinstimmung nonverbaler und verbaler Elemente spielt dabei eine wichtige Rolle. Die sozial-emotionale Komponente der Entwicklung begünstigt ebenso das Erkennen und den Gebrauch kognitiv-sprachlicher Strukturelemente.
Ein sprachtherapeutisches Vorgehen, das sich diese Kenntnisse zunutze machen möchte, nimmt seinen Ausgangspunkt in der *Vorstrukturierung von kommunikativ anregenden Situationen.* Prinzipiell gilt es, sprachfördernde Situationen zu gestalten, in denen das Kind
- zu einer Erweiterung seiner Selbstlernaktivität angeregt wird,
- möglichst gegenständlich handelt bzw. konkrete altersspezifische Hilfen bekommt,
- die emotionale Beziehung ebenso wie der Erwachsene als angenehm empfindet,
- durch Rhythmus, Tonfall, Sprechmelodie usw. die Sprachübernahme leichter erlernt,
- zu einem Regellernen geführt wird, das auf den Erwerb sprachlich-kognitiver Strategien abzielt und nicht nur auf die Übernahme isolierter Wörter und Sätze,
- zum aktiven Sprachgebrauch und nicht nur zur passiven Imitation geführt wird.
Diese Vorüberlegungen gehen ein in übergreifende Ziel- und Aufgabenstellungen der pädagogischen Sprachtherapie (s. Kap. 3.2) sowie in das praktische Vorgehen (s. Kap. 4).

2.2. Störungen der Sprachentwicklung

2.2.1. Zur Komplexität der Störungsphänomens

Sprachauffälligkeiten weisen hinsichtlich ihres Erscheinungsbildes und Schweregrades ein breites Spektrum an Störungsphänomenen auf. Sie können auf den eigentlichen Sprechvorgang beschränkt bleiben, die Sprachstruktur betreffen, als Sekundärstörungen auftreten (z.B. bei Hörstörungen) oder zusammen mit anderen Störungsbildern (z.B. Lernbehinderungen) auf der Grundlage eines gemeinsamen Bedingungshintergrundes entstehen. Weiterhin ist zu beachten, daß die Sprachstörung selbst als beeinflussende Variable auf den Lernvorgang und das Sozialverhalten des Betreffenden einwirkt. Häufig können dabei Ursache und Wirkung nicht mehr eindeutig getrennt werden. Bei diesem Regelkreis lassen sich nur in Extremfällen Kausalzusammenhänge feststellen.

Im folgenden soll dazu eine Einteilung hinsichtlich des Komplexitätsgrades von Sprachauffälligkeiten erfolgen:

– Die Auffälligkeit beschränkt sich auf die isolierte Störung einer Sprachebene (z.B. Stammeln; häufig Sigmatismus) bei leichterem oder mittlerem Schweregrad. Häufig handelt es sich hier um zeitlich begrenzte Störungsphänomene, bei denen der Gebrauch des Behinderungsbegriffes nur in Ausnahmefällen angebracht ist.

– Die Störung erstreckt sich auf mehrere Sprachebenen, so daß die Sprachstruktur an sich betroffen ist (Bsp.: gemeinsames Auftreten von Stammeln, Dysgrammatismus und einem reduzierten Wortschatz).

– Im Rahmen eines umfassenden Störungssyndroms ist die Sprachstruktur in Verbindung mit anderen Entwicklungsbereichen betroffen (Bsp.: Stammeln, Dysgrammatismus, Lernstörungen, Wahrnehmungsschwächen). Das Erscheinungsbild kann dabei als Ausdruck eines gemeinsamen Entstehungshintergrundes oder im Sinne einer Primär- und Sekundärbehinderung gedeutet werden.

Die hier vorgenommene Unterscheidung versteht sich als Anhaltspunkt für die Planung und Gestaltung des therapeutischen Vorgehens. Sie ist nicht als feste Einteilung zu verstehen, schon gar nicht im Sinne einer Klassifikation noch bestehenden Schultypen. Es ist denkbar, daß sich die Beurteilung des Komplexitätsgrades im Verlaufe des diagnostischen Prozesses durch das Vorliegen weiterer Daten ändert. Zuweilen ist auch erst eine nachträgliche Zuordnung möglich.

Im Zusammenhang damit muß darauf hingewiesen werden, daß die Abgrenzung des Personenkreises nicht nur aufgrund der Normproblematik mehrdeutig ist. Letzlich hängt es von der jeweiligen Definition ab, was unter einem sprachgestörten Kind zu verstehen ist. Das Kriterium bei der Aufnahme in die Sprachbehindertenschule, das von einer dominanten Sprachbehinderung und normaler Intelligenz ausgeht, ist selektierend und fiktiv (dazu: *Kroppenberg* 1983, *Holtz* 1983). Im Gegensatz dazu sprechen *Becker* et al. (1983) davon, daß als Leitmerkmal die Lernbehinderung anzusehen ist, in die sich die Sprachstörung als integrativer Bestandteil einordnet. Dabei „gilt die Konvention, daß der Oberbegriff Sprachstörung durch den Terminus sprachliche Auffälligkeit ersetzt wird. Die Gruppe Geschädigter, deren sprachliche Auffälligkeit als dominantes Merkmal der Lernbehinderung in Erscheinung tritt, heißt Sprachgeschädigte" (*Becker* et al. 1983, 7).

Weitere Unterteilungen wären denkbar (*Orthmann* 1969; *Teumer* 1972; *Knura* 1974, 1980; *Baumgartner* 1979). Offensichtlich unterliegt die terminologische Abklärung dabei nicht nur persönlichen Wertmaßstäben, sondern auch dem epochalen Wandel und einem Prozeß der gesellschaftlichen Veränderung.

Im folgenden wird davon ausgegangen, daß bei *sprachlichen Auffälligkeiten* keine typisierende Klassifikation im Vordergrund stehen sollte, sondern die möglichst genaue Beschreibung des Erscheinungsbildes. Die Berücksichtigung des Verlaufsprozesses und eine Diskussion des möglichen Bedingungshintergrundes werden dabei als Ansatz zur therapeutischen Gestaltung bedeutsam. Im Zusammenhang mit den hier behandelten *Störungen* der Sprachentwicklung wird der Begriff der *Behinderung* nur dann verwendet, wenn bei einem hohen Störungserleben des einzelnen und einer negativen Zuschreibung durch die Umwelt eine Änderung der existentiellen Lebenssituation des Betreffenden angenommen werden muß.

2.2.2. Schwerpunkte des sprachspezifischen Erscheinungsbildes

In Anlehnung an die in Kapitel 2.1.2. vorgenommene Unterteilung erfolgt zunächst ein allgemeiner Überblick zu abweichenden Sprachentwicklungsverläufen in unterschiedlichen Altersgruppen, an den sich die Beschreibung der Störungsphänomene auf den einzelnen Sprachebenen anschließt.

15

Altersspezifische Variation und Abgrenzung

Im Alter *bis zu 3 Jahren* kann nur von einer sich anbahnenden Sprachentwicklungsstörung gesprochen werden. Diese ist gekennzeichnet durch einen ausbleibenden bzw. verzögerten Sprechbeginn. Im allgemeinen treten komplexe Störungen der differenzierten Bewegungsgeschicklichkeit und Wahrnehmung auf, die sich auf die Denk- und Sprachentwicklung auswirken. „Die Zuordnung der Kinder zu Schädigungsgruppen ist in diesem Alter nur in Einzelfällen bei hinreichender medizinisch-psychologisch-pädagogischer Diagnostik möglich" (Bekker et al. 1983, f). Bei der Beurteilung, aber auch beim therapeutischen Vorgehen sollte nicht nur die Sprache im Vordergrund stehen, sondern der allgemeine Entwicklungsprozeß unter Einbeziehung somatischer und psychosozialer Variablen. Zu beachten ist dabei, daß im allgemeinen nicht nur der Sprachausdruck gestört ist, sondern zumeist auch das Sprachverständnis, da aufgrund sensomotorischer und kognitiver Schwächen der sprachliche Reiz nicht aus einem komplexen Situationszusammenhang herausgelöst werden kann.

Im Alter von *4 bis 6 Jahren* kommt es zu einer Aufteilung in Störungsphänomene mit unterschiedlichem Erscheinungsbild und Schweregrad. Zum einen sind vergleichsweise eng umschriebene Sprachrückstände mit günstigem prognostischen Verlauf zu beobachten. Zum anderen treten umfangreiche strukturelle Störungssyndrome auf, die mit *Lewina* et al. (1975) als „allgemeine Unterentwicklung der Sprache" bezeichnet werden. Diese ist gekennzeichnet durch das gleichzeitige Auftreten
- eines verzögerten Sprechbeginns
- einer phonematischen Differenzierungsschwäche
- einer fehlerhaften Lautbildung
- eines verminderten Wortschatzes
- eines zumeist impressiven Dysgrammatismus.

Der Komplexitätsgrad der Störung kann sich dabei durch motorische, kognitive und psychosoziale Auffälligkeiten weiter steigern.

Umstritten ist, ob es sich dabei um einen ausschließlich zeitlich verzögerten oder qualitativ andersartigen (Sprach-)Entwicklungsverlauf handel. Ätiologische Einteilungen wie die von *Leischner* (1979), der zwischen anlagemäßigen Sprachentwicklungsverzögerungen sowei Sprachentwicklungsbehinderungen als Ausdruck frühkindlicher Hirnschäden differenziert, können ihren Anspruch nicht erfüllen, das da der Begriff des frühkindlichen Hirnschadens nicht eindeutig definiert ist. Die von *Scholz* (1970, 1974, 1978) aus sprachwissenschaftlicher Sicht vorgenommene Unterteilung in „temporell negativ affizierte" Sprachentwicklungsverzögerungen und „strukturell affizierte Sprachentwicklungen" ist nicht empirisch abgesichert. Die für den Entwicklungsdysgrammatismus bei einer Sichtung der angloamerikanischen Literatur festgestellte strukturelle Andersartigkeit (*Scholz* 1978) im Vergleich zu „nor malen" Sprachentwicklungsprozessen wird von *Dannenbauer* (1983, 1984) unter Zugrundelegung gleicher Literaturbelege bestritten und als Verzögerungseffekt interpretiert.

Ab dem *7. Lebensjahr* findet eine weitere Veränderung der beobachteten Störungsbilder statt, die im allgemeinen mit dem *12. Lebensjahr* ihren Abschluß findet. Leichtere Sprachauffälligkeiten werden mehr oder minder schnell ausgesiebt bzw. hinsichtlich ihres Erscheinungsbildes weitgehend toleriert. Es bleiben weiterreichende Störungssyndrome, die in ihren Auswirkungen auf den Schulerfolg sowie die soziale und individuelle Entwicklung des Betreffenden zu einer Behinderun im eigentlichen Sinne werden.

Weiterhin ist häufig ein Zusammenhang von gestörter Laut- und Schriftsprache festzustellen. Überproportional viele Kinder, die im 2./ 3. Schuljahr durch eine Lese-Rechtschreibschwäche auffallen, sind gleichzeitig sprachgestört bzw. waren dies im Vorschulalter. Ursachen liegen in dem Zusammenhang von (Verbo-)Sensomotorik, Lautsprache und Schriftsprache. Störungen im fundamentalen Zusammenwirken von optischer, akustischer, kinästhetischer, rhythmischer und melodischer Entwicklung führen zu Beeinträchtigungen im Bereich der Lautsprache und der hierarchisch höherstehenden Schriftsprache (*Breuer/Weuffen* 1971, 1975; s. Differenzierungsprobe).

Störungen auf den einzelnen Sprachebenen

Die nachfolgende Beschreibung kindlicher Sprachentwicklungsstörungen geht von dem Bestreben aus, bei der Kennzeichnung des Personenkreises nicht bei den herkömmlich genannten, eng umgrenzten Symptombildern Stammeln und Dysgrammatismus stehenzubleiben. Die vielfältigen Möglichkeiten der Beeinträchtigung des Sprachverständnisses und der Sprachproduktion können durch eine derartige Kategorisierung nur sehr unzureichend zum Ausdruck gebracht werden.

Stattdessen werden als Grundlage einer deskriptiven Betrachtung mögliche Störungsphänome auf den einzelnen Sprachebenen genannt, die einzeln oder in wechselseitiger Verbindung auftreten können. Dabei *wird auf die von Motsch* (1983, 325) vorgenommene Unterteilung Bezug genommen.

Ebenen der Sprachent- wicklung	Störungen	
	Sprachverständnis	Sprachproduktion
1. Phonetisch-phono- logische Ebene	Beeinträchtigte Laut- diskrimination	Dyslalie (Stammeln)
2. Semantisch-lexika- lische Ebene	Quantitativ geringer und passiver Wortschatz	qualitativ undifferen- zierter aktiver Wort- schatz
3. Syntaktisch-morpho- logische Ebene	Reduziertes Verständnis komplexer syntaktischer Strukturen	Dysgrammatismus
4. Pragmatisch-kommu- nikative Ebene	Interpretationsprobleme von Sprache in kon- textuell unterschied- lichen Situationen	Nichtverfügbarkeit von potentiell vorhandener Sprache zur Bewälti- gung von Lebenssitua- tionen

Abb. 2: Einteilung der Störungsbilder nach Sprachebenen

Generell gilt, daß das Sprachverständnis auf allen Ebenen Voraussetzung für eine dementsprechende Sprachproduktion ist. Dies verweist
auf die Bedeutung impressiver Fähigkeiten der Wahrnehmungsverarbeitung für den Sprachausdruck.
ad 1) Störungen der Sprachproduktion auf der *phonetisch-phonologi-
schen* Ebene zeigen sich in der Unfähigkeit, Laute bzw. Lautverbindungen altersentsprechend zu verwenden. Diese als *Stammeln* bezeichnete
häufigste Sprachstörung überhaupt äußert sich in Ersetzungen (z.b.
Taffee statt Kaffee), Fehlbildungen (z.b. ein gelispelter s-Laut) und Aus-
lassungen (z.b. „Ba" statt Ball). Es lassen sich unterschiedliche Schweregrade beobachten, wobei die gängige Einteilung in ein partielles, multiples und universelles Stammeln nicht eindeutig definiert ist und besser
durch therapierelevante Beschreibungen ersetzt werden sollte. In Abgrenzung zu normalen, altersbedingten Fehlbildungen sollte erst nach
Abschluß der Sprachentwicklung im 4./ 5. Lebensjahr von Stammeln gesprochen werden. Zunehmend gelangt man zu der Auffassung, daß von
der Lautbildungsfähigkeit allein nicht auf die Gesamtsprachentwicklung

geschlossen werden kann (*Kiese/Arold* 1985).
Die vorwiegend betroffenen Lautgruppen sind dabei gleichzeitig die altersspezifisch zuletzt beherrschten Laute [g], [k], [r], [sch] und [s]. (s. Abb. 1: Lautbeherrschung und Lebensalter). Vor allem der Sigmatismus ist ein häufiges Störungsbild. Die hohe Auftretungswahrscheinlichkeit von ca. 15% bei Sechsjährigen (*Grohnfeldt* 1980) macht eine Abgrenzung behandlungsbedürftiger von normalen Erscheinungsbildern nicht immer leicht. In jedem Fall sollte eine Abklärung des Bedingungshintergrundes erfolgen.

Damit im Zusammenhang steht die Bedeutung einer ursachenspezifischen Einteilung, die im Hinblick auf die Art des therapeutischen Vorgehens wesentliche Hinweise geben kann. Bei der Überprüfung der einzelnen Glieder des sprachfunktionalen Systems lassen sich schwerpunktmäßig folgende Störungskorrelate ausweisen:

– Störungen im auditiven Analysator. Es treten nachweisbare Hörschäden auf, die zu Minderungen und Verzerrungen des Verstehens und damit des sprachlichen Ausdrucksvermögens führen (*audiogene Dyslalie*). Bei einer Hochtonschwerhörigkeit sind aufgrund der Formantstruktur vorwiegend die Zischlaute betroffen. Insbesondere kommt es zu einem Schetismus und Sigmatismus.

– Störungen der impressiven, mnestischen und koordinierenden Funktionen führen zu einer Beeinträchtigung des Sprachverständnisses. Es kommt zu einer phonematischen Differenzierungsschwäche, bei der sich eine Störung der zentralen Verarbeitung des Höreindrucks bei intaktem Mittel- und Innenohr als herabgesetzte Fähigkeit zur Unterscheidung klangverwandter Laute (z.B. k - t, sch - s) äußert. Es ist davon auszugehen, daß 15% der stammelnden Kinder eine Lautagnosiekomponente aufweisen (*Böhme* 1974). Eine derartige *sensorische Dyslalie* ist im allgemeinen prognostisch ungünstiger und therapeutisch zeitaufwendiger als motorisch-expressive Störungen (*Weuffen* 1975).

– Störungen des motorischen Analysators können als Dysglossien, Lähmungen usw., vor allem aber als Schwächen der kinästhetisch-taktilen Rückkoppelung auftreten (*motorische Dyslalie*). Das feinmotorische Leistungsvermögen reicht dabei nicht aus, um vom Bewegungsmuster her schwierige Laute (z.B. [s], [sch]) bzw. Lautverbindungen (z.B. [kw], [zw], [schr] ...) zu bilden.

ad 2) Störungen auf der *semantisch-lexikalischen Sprachebene* werden im Rahmen der sonderpädagogischen Nomenklatur nur selten als eigenständiges Erscheinungsbild ausgewiesen. Im allgemeinen treten

Beeinträchtigungen der Begriffsbildung und ein daraus resultierender geringer Wortschatz im Rahmen eines weiterreichenden Störungssyndroms auf. Häufig ist dabei eine Kombination von einem – vorwiegend impressiven – Dysgrammatismus mit einer Wortschatzarmut.

Im Zusammenhang damit werden kognitive Schwächen vermutet, die sich im Bereich der semantischen Differenzierung, aber auch bei der syntaktisch-morphologischen Regelableitung auswirken. Es wird angenommen, daß Störungen der Wahrnehmung bzw. Wahrnehmungsverarbeitung damit in einem ursächlichen Zusammenhang stehen. Das Kind hat Schwierigkeiten, aus der Vielzahl von Reizen eine Assoziation von akustischem Stimulus (➤ Wort) und optischem Erscheinungsbild (➤ Gegenstand, Person ...) zu bilden.

Ein geringer Wortschatz wird in der Literatur auch im Zusammenhang mit schichtspezifischen Einflüssen diskutiert (*Oevermann* 1968). Bei aller Kritik an den Untersuchungen zu einer unterschicht- bzw. mittelschichtspezifischen Sprache dürfte bei der qualitativen wie quantitativen Ausweitung des Wortschatzes der Anregungsfaktor besonders hoch sein.

ad 3) Störungen der *syntaktisch-morphologischen Regelbildung* werden als Dysgrammatismus, im Zusammenhang mit der kindlichen Sprachentwicklung präziser als *Entwicklungsdysgrammatismus* bezeichnet. Es handelt sich dabei um Störungen bei der Aufnahme, Abstraktion, Verarbeitung und Anwendung grammatischer Strukturen, die als Ausdruck inkonstanter, verlangsamter und weniger systematischer (Sprach-)Lernprozesse auftreten. Zuweilen kommt es zu Regelbildungen, die keine Äquivalente in der Sprache sich „normal" entwickelnder Kinder haben. Es handelt sich dabei um ein prozessuales Phänomen, bei dem häufig erst im 5./ 6. Lebensjahr sichere diagnostische Aussagen möglich sind.

Vom Erscheinungsbild her treten Störungen der Satzbildungsfähigkeit, Artikelzuordnung, Konjugation, Deklination, Kenntnis und Anwendung der Präpositionen usw. auf. Dabei handelt es sich im allgemeinen nicht nur um Störungen der Kodierung, sondern auch der Dekodierung. Es mehren sich die Anzeichen, daß rein expressive Störungen selten sind (*Dannenbauer* 1983). Zumeist tritt der Entwicklungsdysgrammatismus als Ausdruck einer impressiven Funktionsstörung auf, die eine Beeinträchtigung der Fähigkeit, grammatische Regeln aus den Äußerungen der Umwelt abzuleiten, zur Folge hat. Erneut ergibt sich somit der Hinweis auf kognitive Verarbeitungsschwächen. Auf der Grundlage einer Störung der Aufnahme, Speicherung und Verarbeitung auditiver, visueller und kinästhetischer Wahrnehmungsprozesse ist die Ausbildung hierarchisch höherstehender sprachfunktionaler Systeme erschwert. Dabei lassen sich derzeit zwar wesentliche Faktoren nennen (z.b. die Hörgedächtnisspanne), die aber nicht im Sinne einer Kausalbeziehung zu interpretieren sind.

Umstritten ist, inwieweit es sich beim Entwicklungsdysgrammatismus primär um eine zeitliche Verzögerung normaler (*Dannenbauer* 1983, 1984) oder um strukturell andersartige (*Scholz* 1978) Spracherwerbsprozesse handelt. Letztlich ebenso unklar ist die Einteilung in Schweregrade. Traditionelle Unterteilungen wie die von *Liebmann* (1901) und *Remmler* (1975) sind subjektiv und im Hinblick auf therapeutische Konsequenzen unbefriedigend. Für die Therapierelevanz erscheint es besser, eine genaue Beschreibung der Phänomene vorzunehmen. Dabei deutet sich an, daß es sich bei dysgrammatisch sprechenden Kindern um keine in sich geschlossene Gruppe handelt. Fiktive Klassifikationen sind von daher zu vermeiden.

ad 4) Beeinträchtigungen der *pragmatisch-kommunikativen* Handlungsfähigkeit müssen vor dem Hintergrund der Sprachstörung des einzelnen, dem jeweiligen situativen Kontext und dem subjekti-affektiven Erleben der Interaktion durch die jeweiligen Gesprächspartner gedeutet werden. Diese drei Bereiche sind im einzelnen sowie in ihrer wechselseitigen Abhängigkeit zu untersuchen.

Die bisherigen Aussagen machen es wahrscheinlich, daß bei Beeinträchtigungen des Sprachausdrucks und Sprachverständnisses die kommunikative Kompetenz des einzelnen zumindest gefährdet ist. Es stehen weniger bzw. als abweichend empfundene verbale Ausdrucksmöglichkeiten zur Verfügung, so daß die flexible Bewältigung von Lebenssituationen erschwert ist. Über den nonverbalen Bereich ist damit prinzipiell noch nichts ausgesagt.

Dabei ist die kommunikative Kompetenz keine statische Fähigkeit, die der einzelne besitzt oder nicht. Die Kommunikationsfähigkeit hängt vom Niveau der sprachlichen Anforderung, den Verhaltenserwartungen der Gesprächsteilnehmer und ihrer wechselseitigen Beziehungsdefinition ab.

Dies verweist auf die Bedeutung affektiver Komponenten beim Erleben von Interaktion. Die Kommunikationsfähigkeit des einzelnen ist nicht durch seine Fähigkeit bei der Lautbildung, Verwendung eines differenzierten Wortschatzes sowie den Gebrauch gesprächsfördernder Redewendungen eindeutig determiniert. Störungen in den genannten Bereichen stellen Gefährdungen und Einschränkungen für die Kommunika-

tionsmöglichkeiten dar. Letztlich entscheiden jedoch Beziehungs-
aspekte, inwieweit Kommunikation von allen Beteiligten als geglückt
empfunden wird, so daß – wiederum – eindeutige Kausalbeziehungen zu
vermeiden sind.

2.3. Indikationen zur Sprachtherapie

Im Rahmen der bisherigen Überlegungen wurde darauf hingewiesen,
daß zwischen einer als normal und gestört angesehenen Sprachentwicklung fließende Übergänge bestehen. Die Bestimmung des Perso-
nenkreises kann damit nicht eindeutig erfolgen. Es bleibt zu fragen,
unter welchen Bedingungen Sprachtherapie überhaupt notwendig wird
und wie das Vorgehen gestaltet werden sollte. Dabei werden folgende
Fragestellungen bedeutsam:
- Ist Sprachtherapie überhaupt sinnvoll und effektiv?   – Warum?
- Welcher Personenkreis sollte therapiert werden?   – Wen?
- In welchem Alter sollte die Therapie einsetzen?   – Wann?
- Wie sollte eine altersspezifische Therapie aussehen?   – Wie?
- Wer sollte die Therapie durchführen?   – Wer?
- Welcher institutionelle Rahmen erweist sich als
  besonders günstig?   – Wo?

Die hier genannten sechs Aspekte stehen miteinander in Verbindung.
Die Diskussion dient als Hilfestellung bei der individuellen Entscheidungsfindung.

2.3.1. Begründungen und Bestimmung des Personenkreises

Ausgangspunkt der Überlegungen ist die Frage, ob der kindliche
Spracherwerb durch therapeutische Interventionen überhaupt nach-
haltig stimuliert werden kann. Diese selten erörterte Problemstellung
gewinnt an Bedeutung, wenn man sich vergegenwärtigt, daß nicht nur
die Bestimmung des betreffenden Personenkreises unsicher ist, sondern im Einzelfall auch keine sichere Abgrenzung von Therapieerfolg
und normalem Entwicklungsverlauf möglich ist.
Dementsprechend konstatiert *Lenneberg* (1972, 462): „Die beobacht-
baren Faktoren sind das Fehlen jeglicher Notwendigkeit, Sprache zu leh-
ren, ebenso wie die relative Ineffektivität geplanten Unterrichts für die
Geschwindigkeit des Spracherwerbs." Bei dieser aus nativistischer

Sicht formulierten Position wird dem Faktor einer biologisch determinierten Reifung eine herausragende Bedeutung eingeräumt. Umwelteinflüsse werden zwar nicht negiert, in ihrem Stellenwert jedoch als vergleichsweise gering angesehen.

Demgegenüber wird nach dem Konzept der funktionalen Hirnsysteme (s. Kap. 2.1.1.) die Bedeutung der Umweltanregung für die Ausbildung neurophysiologischer Korrelate ausdrücklich betont (*Luria* 1970, 1978). Dabei wird eine Plastizität der hirnorganischen Entwicklung angenommen, die eine Kompensation vieler Funktionsbeeinträchtigungen möglich macht. So verweisen Längsschnittuntersuchungen bei Risikokindern auf die entscheidende Bedeutung von Umweltfaktoren (*Rösler* et al. 1980). Die damit im Zusammenhang geradezu populär gewordenen sogenannten sensiblen Phasen der Entwicklung sollten jedoch nicht in dem Sinne verstanden werden, daß jede Förderung um so besser ist, je früher sie einsetzt. Es ist stets ein bestimmter Grad an Funktionsreife erforderlich, damit die Intervention erfolgversprechend sein kann. „Deshalb sollte der Begriff der Rechtzeitigkeit an die Stelle der Frühzeitigkeit treten, wobei zweifellos der Grundsatz der Rechtzeitigkeit in der Regel eine frühe Intervention erfordert" (*Schlack* 1983, 105).

Auch dieser aus medizinischer Sicht formulierte Hinweis bleibt letztlich unspezifisch. Was heißt rechtzeitig? Welche pädagogischen, psychologischen und anthropologischen Gesichtspunkte werden dabei ebenfalls bedeutsam? Es ist bekannt, daß aus dem Syndrom einer gestörten Sprachentwicklung und damit einhergehenden Gefährdungen des Denkvermögens und der psychosozialen Situation Rückwirkungen auf die Schullaufbahn möglich sind, die den Lebensweg des betreffenden Kindes entscheidend beeinflussen können (*Knura* 1973). Dies begründet die Notwendigkeit sprachtherapeutischer Interventionen, die im Sinne einer Frühförderung bereits im Vorschulbereich möglichst *präventiv* einsetzen. Aus pädagogischem Optimismus und *ethischer Verantwortung* sollte eine Sprachtherapie stets angeboten werden, wenn bei den beteiligten Personen (Eltern, Kind, Therapeut) die subjektive Erwartung besteht, daß durch die Maßnahmen Lernerfolge in Gang gebracht werden, die über den normalen Entwicklungsprozeß hinausgehen und möglichst ohne einschränkende Nebenwirkungen bleiben (s. Kap. 3.4.). Aussagen für den konkreten Einzelfall lassen sich aus Mittelwertvergleichen empirischer Erhebungen nicht ableiten. Mehr noch als wissenschaftliche Forschungsergebnisse werden damit humanitäre Gesichtspunkte aus Verantwortung dem Menschen gegenüber bedeutsam.

Diese Begründung ist bewußt weit gefaßt, um nicht bestimmte Personenkreise von vornherein auszuschließen. Es ist jedoch erforderlich, diesen Leitgedanken im weiteren zu präzisieren, um nicht nur mitmenschlich bemüht, sondern auch vom Therapieansatz gezielt und in der Entscheidungsfindung reflektiert vorzugehen.

2.3.2. Zeitpunkt und Art des Vorgehens

Vor der Planung und Durchführung der eigentlichen therapeutischen Intervention steht die prinzipielle Frage nach dem bestmöglichen Zeitpunkt für die intendierten Maßnahmen. Erst dann kann die Art des Vorgehens strukturiert werden, wobei neben dem individuumspezifischen Störungsbild und der familären Mitarbeit auch Fragen der jeweiligen Institutionalisierung bedeutsam werden können. Alle genannten Faktoren stehen miteinander in Verbindung. Allgemeingültige Antworten können dabei nicht gegeben werden. Stattdessen sollen Fragestellungen aufgezeigt werden, die sich im allgemeinen bei der individuellen Entscheidungsfindung für den betreffenden Therapeuten als wesentlich erweisen.

Aufgrund der fließenden Übergänge zwischen normalen und gestörten Spracherwerbsprozessen erweist sich die Eingrenzung der Kinder, die *vor dem 4. Lebensjahr* gefördert werden sollten, als besonders schwierig. Im allgemeinen ist eine gezielte Therapie bei isolierten Lautbildungsfehlern und sonst altersgemäßer Entwicklung nicht angezeigt, da die Lautentwicklung noch nicht abgeschlossen ist und eher die Gefahr eines Störungsbewußtseins besteht. Das heißt nicht, daß in dieser Altersstufe prinzipiell nichts getan werden sollte! Kinder mit deutlich verzögertem Sprechbeginn (2 bis 2 1/2 Jahre) und komplexen, häufig nicht nur auf die Sprache bezogenen Störungsbildern sollten zur *Verhütung* weiterreichender Behinderungssyndrome bereits jetzt gefördert werden. Die Art des Vorgehens sollte sich dabei nicht auf eine Arbeit am isolierten Symptom beziehen. Stattdessen ist eine Breitbandstimulation (sprach-)entwicklungsfördernder Maßnahmen in einem ganzheitlichen, emotional anregenden Kontext erforderlich. Der Schwerpunkt liegt dabei auf der *Elternarbeit*. Die Angabe des Therapeuten besteht darin, gemeinsam mit den Eltern sprachanregende Situationen und Erziehungsfragen zum Sprachvorbild durchzusprechen sowie Hinweise zu Spielmaterialien und ihrem Einsatz zu geben. Häufig erweist sich dabei eine interdisziplinäre Zusammenarbeit mit Medizinern, Psychologen, Sozialarbeiten usw. als erforderlich. Dabei sollte jedoch nicht beachtet werden, daß die Qualität der Arbeit nicht proportional zu den beteiligten Fachkräften steigt und für das Kind die Frage der Bezugsperson im Vordergrund steht. Den institutionellen Rahmen findet ein derartiger Ansatz in regionalen *mobilen Diensten*, die durch behinderungsübergreifende Zentren ergänzt werden (*Speck* 1980).

Im *Vorschulalter* läßt sich die Eingrenzung der therapiebedürftigen Kinder mit größerer Sicherheit vornehmen. Generell sollten sich die Maßnahmen dabei auf Eltern und Kind beziehen.

Bei isolierten Sprechfehlern sind gezielte Korrekturen möglich, die aber stets in spielerische Handlungsabfolgen eingebettet und altersspezifisch motiviert sein sollten. Es dürfen nicht nur phonetische Gesichtspunkte im Vordergrund stehen. Nur in Ausnahmefällen ist eine Aufnahme im Sprachheilkindergarten erforderlich. Im allgemeinen werden die Maßnahmen durch Logopäden, Sprachbehindertenpädagogen usw. ambulant durchgeführt.

Bei weiterreichenden, komplex ansetzenden Sprachentwicklungsstörungen müssen die Maßnahmen breiter angelegt sein. Es ist eine allgemeine Entwicklungsförderung mit spezifisch ausgewiesenen Therapieschwerpunkten bei einzel- und gruppentherapeutischen Ansätzen erforderlich. Je nach regionalem Angebot wird dabei die Aufnahme in einen Sprachheilkindergarten oder integrierten Kindergarten zu erörtern sein, wobei der Logopäde/ Sprachbehindertenpädagoge in enger Zusammenarbeit mit den Erzieherinnen und Eltern stehen sollte. – Mehr als bisher wäre auch in diesem Altersbereich der Ausbau der mobilen Dienste zu fordern.

Im *Schulalter* rückt die Frage der Institutionalisierung in den Vordergrund. Welche Kinder sollen in eine Sprachbehindertenschule aufgenommen werden? Die Abgrenzung zur Regelschule, aber auch zu anderen Sonderschulsparten wird nicht immer eindeutig sein. Sie hängt nicht nur von der Behinderungsstruktur des Kindes, sondern auch vom regionalen Schulangebot ab. Die Problematik besteht weiterhin darin, daß in Sprachbehindertenschulen vorrangig Kinder mit komplexen Störungsphänomenen aufzunehmen sind, diese aber gleichzeitig unter den Bedingungen des Regelschullehrplans unterrichtet werden sollen. Fragen einer therapeutischen Unterrichtsgestaltung werden dabei häufig ebenso bedeutsam wie die Schwierigkeit der Realisierung einer aktiven Einbeziehung der Eltern.

3. Selbstverständnis, Prinzipien und Grenzen sprachtherapeutischer Intervention

3.1. Begriffsbestimmung

Der Therapiebegriff ist in der Sonderpädagogik nicht unumstritten. Ablehnende Haltungen beziehen sich vor allem auf ein unterschiedliches Menschenbild in pädagogischen und medizinisch-therapeutischen Berufen (*Bach* 1980, 1981) unter Zurückweisung eines medizinischen Grundverständnisses und der Betonung ganzheitlicher Aspekte (*Klein* 1983: „Pädagogische Frühförderung ist mehr als Therapie"). Demgegenüber wird von *Grissemann* (1981) bei Bezugnahme auf *Moor* (1965) auf erzieherische Elemente in der Therapie (Bsp.: Spieltherapie) verwiesen. Pädagogisch-therapeutische Maßnahmen werden dabei als komplexe ganzheitliche sonderpädagogische Intervention definiert. Offensichtlich hängt die Beurteilung dieser Frage von der impliziten Vorstellung des einzelnen über den Therapiebegriff ab. Zudem scheinen aktuelle Kontroversen führender Fachvertreter die Meinungsbildung nicht unwesentlich zu beeinflussen. Dabei wird zuweilen der Versuch unternommen, durch terminologische Abgrenzungen die Eigenständigkeit einer Fachdisziplin zu markieren, bzw. es werden – zuweilen etwas künstlich – anhand von Begriffspaaren (medizinische Therapie versus pädagogische Förderung) wissenschaftstheoretische Grundpositionen als polare Extremvarianten einer Denkrichtung herausgestellt.

An dieser Stelle wird nicht auf einen Therapiebegriff nach dem auch in medizinischer Sicht (Bsp.: Psychosomatik) zunehmend kritisch reflektierten traditionellen Krankheitsmodell Bezug genommen, sondern auf ein sozialwissenschaftliches Modell (*Grohnfeldt* 1981, 1982 a) und das auch in psychologischer Fachrichtungen gebräuchliche Verständnis von Therapie, bei dem Aspekte der *Ganzheitlichkeit* und *Beziehung* in den Vordergrund gestellt werden (*Jaeggi* et al. 1983). Dem zugrundegelegten Menschenbild entsprechend weisen pädagogische und psychologische Therapieansätze weite Überschneidungsbereiche auf. Letztlich wird damit auf den ursprünglichen Sinngehalt zurückgegriffen (griechisch: therapéia ➤ das Dienen, der Dienst, die Pflege; therápon ➤ der Diener, Gefährte).

In der Sprachbehindertenpädagogik wird der Begriff der Sprachtherapie traditionell verwendet. Er bezieht sich auf „die Gesamtheit der auf Beseitigung von Sprachstörungen und -behinderungen gerichteten Tätigkeiten" (*Knura/Neumann* 1980, 161). Dem vielfältigen Erscheinungsbild und Bedingungsgefüge sprachlicher Auffälligkeiten entsprechend ist eine interdisziplinäre Ausrichtung unter Beteiligung von Fachvertretern der Medizin, Psychologie und Pädagogik zuweilen unumgänglich. Dementsprechend wird zwischen medizinisch, psychologisch und pädagogisch orientierter Sprachtherapie unterschieden.

Die von *Knura/Neumann* (1980, 165) als *„pädagogische Sprachtherapie"* bezeichneten Maßnahmen beziehen sich primär auf die Förderung und Korrektur verzögerter, gestörter und verlorengegangener Prozesse zur Sprachaufnahme, -verarbeitung und -produktion. Es handelt sich dabei um ein ganzheitliches, spracherwerbsorientiertes Vorgehen mit spezifisch ausgewiesenen Förderungsschwerpunkten im Rahmen einer allgemeinen Entwicklungsförderung, bei der die „Lebensbedeutsamkeit der Sprachstörung" (*Orthmann* 1969, 32) und das individuelle Störungserleben in den Vordergrund gestellt werden. Die tendierten Maßnahmen beschränken sich damit nicht nur auf die Korrektur eines herausragenden sprachspezifischen Symptoms, das als dominierendes Phänomen an der Oberfläche einer weiterreichenden Entwicklungsstörung auftreten kann, sondern beziehen sich auf eine umfassende Beeinflussung der Persönlichkeit des betreffenden Menschen.

Eine derart weite Auslegung pädagogisch-therapeutischer Maßnahmen führt zu Überschneidungen mit den in der Pädagogik gebräuchlichen Begriffen „Erziehung" und „Unterricht" *. Auch bei diesen Fachtermini ist keine einheitlich gültige Definition auszumachen. Ihre begriffliche Abklärung wird nicht nur je nach wissenschaftstheoretischem Standort des Autors unterschiedlich vorgenommen, sondern unterliegt zudem dem epochalen Wandel. Übereinstimmung scheint lediglich hinsichtlich des unterschiedlichen Ausmaßes an Organisiertheit der intendierten Lernprozesse zu bestehen. Nach *Brezinka* (1975) bezieht sich dabei *Erziehung* auf die Unterstützung von Lernvorgängen mit dem Ziel erwünschter Verhaltensweisen (Bsp.: Erziehung zur Mündigkeit), während

---

*Becker et al.(1983) sprechen deshalb grundsätzlich von einer „rehabilitativen Spracherziehung".

Unterricht eine systematische Vermittlung von Bildungsinhalten darstellt. Beide Formen der Unterweisung können in der Praxis situativ ineinander übergehen.

Innerhalb der Sprachbehindertenpädagogik unterliegt das Verhältnis von *Unterricht und Therapie* traditionell einer besonderen Reflexion. Die dabei hervorgerufene „Dualismusproblematik" (*Orthmann* 1969) hat ihren Ursprung in der Doppelaufgabe der Sprachheilschule, bei der nicht nur die Erfüllung des Bildungsauftrages, sondern auch eine therapeutische Aufarbeitung von Sprachstörungen der Schüler angestrebt wird. Lösungswege zur Bewältigung dieses sprachbehindertenpädagogischen Grundproblems finden sich vor allem im organisatorisch-methodischen Rahmen. *Braun/Homburg/Teumer* (1980, 9) nennen dazu folgende Konstellationen des Verhältnisses von Sprachtherapie und Unterricht:

– *isolierte Sprachtherapie* ist zeitlich, räumlich und inhaltlich von Unterricht getrennt (Bsp.: Einzeltherapie des Stammelns im separaten Therapieraum)
– *additive Sprachtherapie* verläuft im gleichen zeitlichen und räumlichen Rahmen wie Unterricht (Bsp.: Einzeltherapie des Stammelns vor dem Artikulationsspiegel während einer Stillbeschäftigungsphase des Unterrichts)
– *integrierte Sprachtherapie* verbindet die Vermittlung allgemeinbildender und sprachtherapeutisch wirksamer Unterrichtsinhalte (Bsp.: Im Rahmen des Erstleseunterrichts wird der Erwerb eines Lautes mit entsprechenden Artikulationsübungen verbunden)
– *immanente Sprachtherapie* basiert auf der sprachtherapeutischen Wirkung, die vom Unterrichtsgegenstand selbst ausgeht (Bsp.: Übungen zur akustomotorischen Differenzierung innerhalb der rhythmisch-musikalischen Erziehung)

Zu den hier idealtypisch herausgestellten Positionen finden sich in der Realität Misch- und Übergangsformen. Für den Sprachbehindertenpädagogen verlangt die Dialektik der Aufgabenstellung je nach situativer Anforderung individuelle Lösungswege.

Neben dieser die Geschichte der Sprachbehindertenpädagogik geradezu begleitenden Problematik stellt sich durch die zunehmende Vorverlagerung der Aktivitäten in den Früh- und Elementarbereich eine weitere Begriffsklärung als wesentlich heraus: das Verhältnis von *Spiel und Therapie*. Lösungsmöglichkeiten bewegen sich hier mehr in einem spekulativen Rahmen. Sie reichen von der Frage „Spielen als Sprachtherapie?" (*Hochstrasser/Galliker* 1983) bis zu einer konsequenten Trennung von Spiel und Therapie aufgrund unterschiedlicher Wesensmerkmale. In der Praxis beliebte Mischformen, bei denen sprachtherapeutische Übungen als „Spielregeln" in spielerische Aktivitäten eingebettet werden, stehen vor der Gefahr, die Zweckfreiheit des Kinderspiels (*Flitner* 1973) zu mißbrauchen und durch gezielte Formen der Kontrolle bzw. systematisch geplanten Unterweisung zu hintergehen. Von daher erscheint es nicht übertrieben, aufgrund des unterschiedlichen Selbstverständnisses und Lenkungsgrades von einem *Dualismus von Spiel und Therapie* zu sprechen. „Einerseits besteht der Anspruch exakter Planung und zielstrebigen Vorgehens als Kriterium therapeutischer Arbeit, andererseits soll das Geschehen für das Kind so in spielerische Aktivitäten eingekleidet sein, daß Überforderungen im Sinne bewußter willkürlicher Überanstrengungen vermieden werden" (*Dupuis* 1983, 277 f).

Wie beim Dualismus von Unterricht und Therapie verbieten sich rezeptive Lösungswege mit Ausschließlichkeitscharakter. Die Einmaligkeit der Interaktion von Therapeut und Kind verlangt nach individuellen Wegen des pädagogisch-therapeutischen Vorgehens.

3.2. Ziele und Aufgaben

Die Zielsetzungen und Aufgabenstellungen der pädagogischen Sprachtherapie stehen im Kontext wissenschaftstheoretischer Vorüberlegungen sowie der Vorstellungen über den Ablauf normaler wie gestörter Sprachentwicklung.

Der Ausgangspunkt der Überlegungen bezieht sich auf das Primat eines spracherwerbsbezogenen Vorgehens:

Die Beeinflussung kindlicher Sprachentwicklungsstörungen sollte sich weitgehend an den Bedingungen der altersgemäßen Sprachentwicklung orientieren.

Dazu werden in Anlehnung an die in Kapitel 2 vorgestellten Aussagen zur Spracherwerbsforschung folgende Leitlinien zur Diskussion gestellt (*Grohnfeldt* 1984 b):
– Sprache wird in Handlungszusammenhängen unter aktiver Beteiligung des Kindes erlernt. Dementsprechend sollte auch die *Sprachtherapie nicht isoliert,* ausschließlich symptomatisch verhaftet und von der natürlichen Situation abgehoben erfolgen. Die pädagogische Aufgabenstellung besteht darin, kreative Interaktionsabläufe mit Auffor-

derungscharakter vorzustrukturieren, die das Kind – gerade noch – bewältigen kann.

- Da der kindliche *Spracherwerb in basale sensomotorische Prozesse eingebettet* ist und im Zusammenhang mit kognitiven Strukturierungen als Interaktionsvorgang begriffen wird, sollten auch die *sprachtherapeutischen Maßnahmen dementsprechend breitgefächert* angelegt sein. Die notwendigen Schwerpunkte werden aufgrund der im förderdiagnostischen Prozeß erhobenen Daten je nach den individuellen Lernvoraussetzungen des Kindes gesetzt. Das Vorgehen sollte *ursachen- statt symptomspezifisch* ausgerichtet sein.
- Eine zentrale Rolle beim Spracherwerb nimmt die *Kommunikation* ein. Dementsprechend sollte die Sprachtherapie nicht ausschließlich auf das Kind zentriert werden, sondern grundsätzlich *interaktional* angelegt sein. Dies beeinhaltet – wenn möglich – eine *aktive Einbeziehung der Eltern* (bzw. unmittelbaren Bezugspersonen) unter Berücksichtigung der gesamten psychosozialen Situation.
- Das *übergreifende Ziel* sprachpädagogischer Interventionen beschränkt sich dementsprechend nicht nur auf die Korrektur eines herausragenden sprachlichen Symptoms, sondern erstreckt sich auf die *Erweiterung individueller Handlungs- und Kommunikationsfähigkeit,* die situativen und subjektiven Wertmaßstäben unterliegt.

Im einzelnen ist damit ein pädagogisch-therapeutisches Selbstverständnis angesprochen, bei dem keine ausschließliche Zentrierung auf das sprachliche Symptom an sich erfolgt, sondern die Sprachstörung des Kindes in ihren familiären und sozialen Bezügen gesehen wird. Während bei einer symptomorientierten Sichtweise der Therapeut (Sprachbehindertenpädagoge, Logopäde ..) eindimensional auf das Kind mit rezeptiv anmutenden Übungsbehandlungen und Verordnungen einwirkt (s. Abb. 3.), beinhaltet die paradigmatische Ausrichtung nach interaktionalen Aspekten ein therapeutisches Selbstverständnis, bei dem unter Aufgabe von Dominanzansprüchen die Wechselseitigkeit des Gebens und Nehmens in einem als gemeinsam erlebten Kommunikationsprozeß in den Vordergrund rückt (s. Abb. 4.):

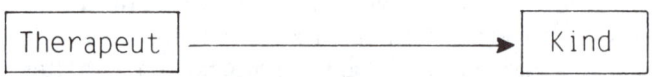

Abb. 3

Abb. 4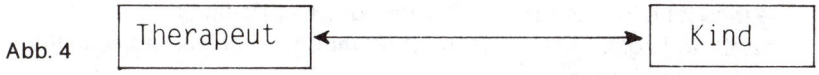

Darüber hinaus wäre prinzipiell eine Ausweitung des Aufgabenbereichs auf das Kind *und* seine Eltern anzustreben (s. Abb. 5):

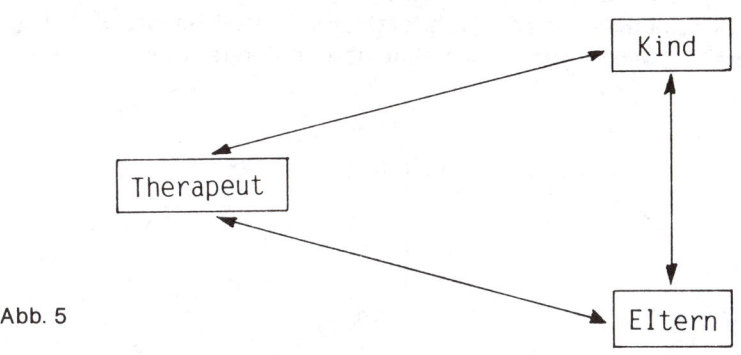

Abb. 5

Dies beinhaltet, daß sich die Einflußnahme des Therapeuten je nach störungspezifischer Konstellation auf
– das Kind und seine Sprachstörung
– die Sprach- und Erziehunganregung der Eltern
– die Interaktion von Eltern und Kind
beziehen sollte. Eine inhaltliche Präzisierung dieser Aufgabenstellung geht mit einer Ausweitung der als therapierelevant angesehenen Inhalte pädagogischer Sprachtherapie einher.
Hinsichtlich der *Arbeit mit dem Kind* erfolgt eine Unterteilung in
– die Förderung von Basisfunktionen im Rahmen allgemeiner entwicklungsfördernder Maßnahmen (Sensomotorik, Bewegungserziehung,
Rhythmik, kognitive Förderung ..), um mögliche Bedingungshinter-
gründe der Sprachstörung ursachenspezifisch aufzuarbeiten.
– sprachstörungsspezifische Verfahren zur Förderung und Korrektur impressiver und expressiver Sprachfunktionen auf der phonetisch-pho-
nologischen und/ oder semantisch-lexikalischen und/ oder syntaktisch-morphologischen Sprachebene im Hinblick auf eine Erweiterung der Kommunikationsfähigkeit,

– die mögliche Einbettung der Sprach- und Entwicklungdförderung in sozial- und spieltherapeutische Stützmaßnahmen zur individuellen Konfliktverarbeitung.

Eine derartige, sich auf das mehrdimensionale Entwicklungsmodell (s. Abb. 6, ebenso: Kap. 2.1.) beziehende Sprachentwicklungsförderung mit spezifischen, im förderdiagnostischen Prozeß ausgewiesenen Schwerpunkten beruht auf einem ganzheitlichen Grundverständnis. Zu warnen ist vor der Gefahr eines additiven, letztlich isolierten Funktionstrainings einzelner Entwicklungsbereiche ohne übergreifenden Zusammenhang.

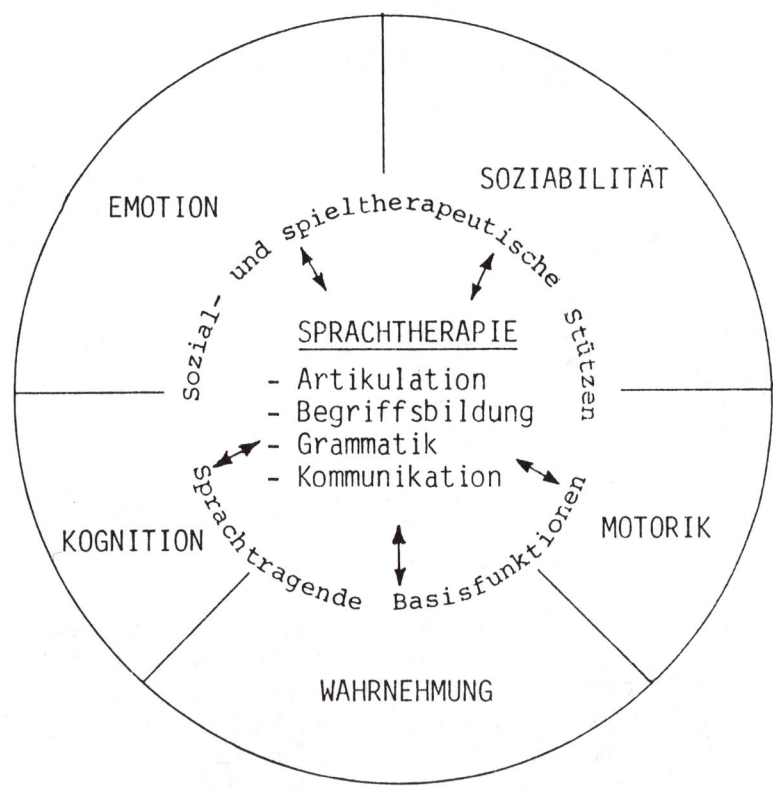

Abb. 6

Die Notwendigkeit einer *Arbeit mit den Eltern* sowie die möglicherweise notwendig werdende *Beeinflussung der Interaktion von Eltern und Kind* beruht auf der Grundannahme, daß viele kindliche Sprachstörungen erst im familiären Kontext begreifbar werden und somit der psychosozialen Intervention bedürfen, um mögliche verursachende und aufrechterhaltende Faktoren der sprachstörungsspezifischen Symptomatik im sozialen Umfeld zu beeinflussen. Die übergreifende Zielsetzung im Rahmen einer „partnerschaftlichen Erziehungshilfe" (*Speck/Warnke* 1983) bezieht sich darauf, im gemeinsamen Interaktionsprozeß mit den Eltern

– die Lebensbedeutsamkeit der (Sprach-)Entwicklungsstörungen für das Kind individuell nachzuvollziehen,

– durch eine Analyse der Eltern-Kind-Interaktion Rückwirkungen auf das kindliche Sprachverhalten zu durchdenken,

– praktische Übungsbeispiele zur besseren Abstimmung des familiären Sprach- und Erziehungsverhaltens auf das kindliche Sprachniveau zu erarbeiten (vergleiche *Grohnfeldt/Werner* 1984).

3.2. Merkmale pädagogischer Sprachtherapie

Zur Durchführung sprachtherapeutischer Interventionen sind Qualifikationsmerkmale aus unterschiedlichen Wissensgebieten erforderlich, die sich im Kontext eines übergeordneten pädagogischen Selbstverständnisses zu einem neuen Ganzen formieren. Dies entspricht einer Standortbestimmung der Sprachbehindertenpädagogik als Integrationswissenschaft mit interdisziplinärer Ausrichtung.

Im folgenden wird zunächst die paradigmatische Bezugnahme der pädagogischen Sprachtherapie dargestellt. Von den erforderlichen einzelwissenschaftlichen Qualifikationsmerkmalen wird vor allem auf die sprachwissenschaftlichen Grundlagen, lern- und handlungstheoretischen Prinzipien, entwicklungspsychologischen Modifikationen sowie gesprächs- und familientherapeutischen Grundkenntnissen eingegangen.

3.3.1. Das zugrundegelegte Menschenbild

Als Grundkategorie und entscheidende Wirkfaktoren pädagogisch-therapeutischen Handelns sollen das *ganzheitliche Verstehen* und die *Beziehung* zwischen dem Pädagogen als Therapeuten und dem sprachbehinderten Menschen herausgestellt werden. Diese beiden Aspekte sind nicht auf die pädagogische Sichtweise beschränkt. Sie finden sich auch in (gesprächs-)psychotherapeutischen Grundhaltungen wieder (*Jaeggi* et al. 1983), so daß auch von pädagogisch-psychologischen Grundlagen der Sprachtherapie gesprochen werden kann.

Pädagogisch-therapeutisches Handeln wird als ganzheitlicher Prozeß verstanden, bei dem jede Einzelmethode erst im Gesamtkontext der individuellen und sozialen Lebensbedingungen wirksam wird. Die Einflußnahme beschränkt sich nicht auf die Sprachstörung als sprachpathologisches Phänomen. Vielmehr wird dem jeweiligen Menschen geholfen, Sprache zu erlernen. „Die Richtschnur ganzheitlicher Förderung ist stets die Verantwortung eines Menschen für einen anderen Menschen" (*Speck* 1983a, 97). Dabei erfolgt eine Ausrichtung an den subjektiven Bedingungen des Kindes, seiner Familie und Lebensumwelt. Im Sinne einer „ökologischen Sozialisationsforschung" (*Bronfenbrenner* 1976) wird die Gesamteinbettung des Menschen in seine Umwelt gesehen.

Sprachtherapie selbst wird als gemeinsamer Kommunikationsprozeß verstanden. Dabei ist die Beziehung die entscheidende Grundlage therapeutischen Handelns. Jede therapeutische Technik gewinnt erst auf der Beziehungsebene von Therapeut und Kind ihre – positive wie negative – Wirkung. Die Aufnahme und Aufrechterhaltung von Beziehungen wird durch die Fähigkeit zur Empathie (*Tausch/Tausch* 1983: „einfühlendes Verstehen") wesentlich mitbedingt. Prozesse der jeweiligen sozialen Wahrnehmung, ihrer Selektion und gefühlsmäßigen Bewertung werden zur Grundlage wechselseitigen Verstehens.

In Übereinstimmung mit einem derartigen Grundverständnis befindet sich ein diagnostisches und therapeutisches Vorgehen, das sich im weitesten Sinn auf eine ganzheitliche Erfassung und Umgestaltung der kommunikativen Möglichkeiten des sprachgestörten Kindes bezieht. Für die *Diagnose* bedeutet das, daß neben einer gezielten Erfassung sprachspezifischer und entwicklungsrelevanter Daten eine weiterreichende Einschätzung der Lebenssituation des betreffenden Menschen im Sinne einer „biographischen Anamnese unter tiefenpsychologischem Aspekt" (*Dührssen* 1981) zur Einordnung der Einzelergebnisse erforderlich wird. Verfahren der teilnehmenden Beobachtung und – notwendigerweise subjektiven – Rekonstruktion der Lebenswirklichkeit des Kindes gewinnen dadurch an Bedeutung.

Für die *Therapie* werden die für den altersspezifischen Spracherwerb wesentlichen Gesichtspunkte der Kommunikation und Mehrdimensionalität bei der aktiven Auseinandersetzung des Kindes mit seiner Umwelt bedeutsam. (*Klein* 1983, 10) resümiert die Erfahrungen aus dem Forschungsprojekt „Frühförderung entwicklungsverzögerter und entwicklungsgefährdeter Kinder" an der Pädagogischen Hochschule Reutlingen folgendermaßen: „Entscheidende Entwicklungsschritte auch in einzelnen psychischen Funktionen setzten bei einem Kind immer dann ein, wenn es anfing, sich selbständig und aktiv mit seiner Umwelt auseinanderzusetzen." Zur (Re-)Aktivierung der Selbstgestaltungskräfte ist es dabei erforderlich, die Lernumwelt des Kindes unter Nachempfindung der natürlichen Sprachlernsituation so zu gestalten, daß Sprachanregung und Weckung der Redefreudigkeit zusammenfallen.

Diese Grundvoraussetzungen geben den globalen Rahmen für den gezielten Einsatz fachspezifischer Kenntnisse zur Planung und Durchführung geeigneter Interventionsmaßnahmen ab. Das persönliche Einfühlungsvermögen ist Voraussetzung zur Sprachtherapie. Es ist aber nicht hinreichend, wenn die notwendigen Fachkenntnisse und methodische Kompetenz fehlen. Im weiteren erfolgt dazu ein Überblick über das erforderliche fachwissenschaftliche Instrumentarium wesentlicher sprachtherapeutischer Qualifikationsmerkmale.

3.3.2. Fachwissenschafltiche Bezugnahmen

3.3.2.1. Sprachwissenschaftliche Grundlagen

Innerhalb der Sprachwissenschaften war es lange Zeit die *Phonetik,* die von der Sprachbehindertenpädagogik und Logopädie als wesentliche Zuliefer- und Bezugswissenschaft herangezogen wurde. Ausdruck dieser teilweise auch medizinischen Orientierung sind traditionelle Lehrbücher zur Artikulationstherapie wie die von *Weinert* (1974), *Hofmann* (1969) und *Jaworek/Zaborsky* (1981). Insbesondere wird dabei auf das Zusammenwirken der Funktionsbereiche Atmung, Stimmgebung und Artikulation, Systematisierungen zur Konsonanten- und Vokalbildung sowie akustische und audiologische Aspekte eingegangen. Als grundlegende Standardwerke werden dabei vor allem die Veröffentlichungen von *Wängler* (1972, 1974), *Martens/Martens* (1965) und *von Essen* (1966, 1972) herangezogen. Für die Sprachtherapie können dadurch wesentliche Hinweise und unumgänglich notwendige Grundlagenkenntnisse abgeleitet werden. Es erscheint jedoch zweifelhaft, ob die Phonetik als primäre Bezugswissenschaft für das Selbstverständnis der Sprachbehindertenpädagogik fungieren kann.

Erst in neuerer Zeit wird die Bedeutung der *Linguistik* für die Sprachbehindertenpädagogik nachdrücklich formuliert (*Scholz* 1980, *Ihssen* 1977, 1978; *Grohnfeldt* 1976, *Dannenbauer* 1983). Für den Bereich der Phonologie wurden vor allem von *Scholz* (1970, 1974) wegweisende Arbeiten zur Diskussion gestellt, in denen eine Unterscheidung in temporell und strukturell affizierte Sprachentwicklungen vorgenommen wurde. In Anlehnung an die allgemeinen Lautgesetze von *Jakobson* (1972) wurde von *Grohnfeldt* (1979 a, 1979 b, 1980) bei einer faktorenanalytischen Überarbeitung des Stammlerprüfbogens von *Metzker* der Zusammenhang von Lautbeherrschung und Lebensalter präzisiert.

Schwerpunktmäßig rückt derzeit vor allem die *Psycholinguistik* vermehrt in den Mittelpunkt des Interesses, indem grundlegende Aussagen zur Spracherwerbsforschung, zum Sprachverhalten in der Mutter-Kind-Interaktion und Hinweise zur Sprachtestkonstruktion rezipiert werden. Die Aussagen sind hier jedoch uneinheitlich und zum Teil auch widersprüchlich. Hinsichtlich der Belege zum Entwicklungsdysgrammatismus werden bei einer Aufarbeitung der angloamerikanischen Literatur unterschiedliche Konsequenzen im Hinblick auf strukturelle Unterschiede (*Scholz* 1978) bzw. einen Retardierungseffekt beim Sprachverhalten dysgrammatisch sprechender Kinder gezogen (*Dannenbauer* 1983). Auch der im letzten Jahrzehnt geäußerte Wunsch nach psycholinguistisch fundierten, möglichst standardisierten Testverfahren zu Beurteilung der Sprachentwicklung hat in den inzwischen erschienenen Verfahren keine uneingeschränkte Entsprechung gefunden. Die kritischen Einwände bezüglich der linguistischen Grundlagen des

– Psycholinguistische Entwicklungstests (*PET*) von *Angermaier* (1974) durch *Eberle/Holtz/Schöler* (1982), *Grimm* (1978), *Grimm/Schöler* (1978) und *Ihssen* (1979)

– Landauer Sprachentwicklungstests für Vorschulkinder (*LSV*) von *Götte* (1976) durch *Füssenich* (1982), *Grimm* (1978), *Grimm/Schöler* (1978), *Ihssen* (1979) und *Hötsch* (1979).

– Heidelberger Sprachentwicklungstests (*HSET*) von *Grimm/Schöler* (1978) durch *Glaess* (1982) und *Heidtmann* (1983)

sind sicherlich nicht nur Ausdruck des geänderten diagnostischen Selbstverständnisses in den letzten Jahren, bei dem eine zunehmende Abwendung von standardisierten Verfahren hin zu kriteriumsspezifischen Beobachtungen des Kindes in möglichst natürlichen Situationen erfolgte, um gezielte Hinweise für das therapeutische Vorgehen ableiten zu können.

So bleibt festzustellen, daß der Methodenstreit und die unterschiedliche theoretische Bezugnahme in der linguistischen Forschung für eine anwendungsorientierte Wissenschaft wie die Sprachbehindertenpädagogik bisher noch vergleichsweise wenig praxisrelevante Aussagen ermöglichte. Erste Ansätze zur Überwindung dieses Mißstandes werden von der neuen Disziplin Patholinguistik (*Peuser* 1978) erhofft.

3.3.2.2. Lern- und handlungstheoretische Prinzipien

Sprachtherapeutische Interventionen werden zum einen durch das gezielte Ingangsetzen und Strukturieren von (Sprach-)Lernprozessen, zum anderen durch das spontane Ausnutzen kreativer Sprechanlässe wirksam. Die Aufgabe des Therapeuten erstreckt sich darauf, kommunikative Situationen vorzustrukturieren und aufzunehmen, die für das Kind einen Aufforderungscharakter haben und zur sprachlichen Bewältigung motivieren. Der entscheidende Anstoß für die Weiterentwicklung ist dann gegeben, wenn zwischen dem aktuellen und geforderten Sprachniveau ein Grad an Nichtübereinstimmung besteht, der vom Kind gerade noch überbrückt werden kann.

Die Gestaltung des Lernvorganges selbst erfolgt durch das Zusammenwirken der lernpsychologischen Grundprinzipien Motivation, Assoziation und Verstärkung. So kann z.b. bei der Lautanbildung nach der Herstellung einer zielgerichteten Interessenlage des Kindes (Motivation) ein optisches Zeichen (s. Handzeichensysteme, Kap. 4.2.2.1.) mit dem zu erlernenden kinästhetischen Bewegungsmuster gekoppelt werden (Assoziation) und beim Auftreten des entsprechenden Sprachverhaltens belohnt werden (Verstärkung). Erfolg und Nachhaltigkeit dieses Vorgangs werden durch didaktische und methodische Grundsätze beeinflußt, z.b. die inhaltliche Angemessenheit des Lehrstoffs an die individuelle Bedürfnislage des Kindes, Fragen der Anschauung und Medienauswahl sowie Kindgemäßheit und Lebensnähe. Vorbedingung und entscheidende Variable für den Erfolg ist die affektive Beziehung zwischen dem Kind und Therapeuten.

Zur Systematisierung des pädagogisch-therapeutischen Vorgehens bei der Sprachtherapie soll auf handlungstheoretische Gedankengänge zurückgegriffen werden. Danach erfolgt eine Unterteilung von Handlungen in (*Grohnfeldt* 1982, 129 f)
- die *Zielkonstitution* im Hinblick auf die individuelle Bedürfnislage des Kindes,
- die *Planerstellung* zur Realisierung des Ziels,

– die Zerlegung in logisch aufeinander aufbauende *Teilschritte* und Schwierigkeitsstufen im Rahmen einer übergeordneten *Strategie*,
– die Durchführung eines *interaktionalen Handlungsablaufes*,
– die Aufstellung von *Kontroll- und Rückkoppelungsmechanismen* zur Überprüfung des Handlungsplans.

Auf der Grundlage dieser Strukturelemente lassen sich bei der Planung von Therapiesitzungen für den Sprachbehindertenpädagogen und Logopäden wesentliche Hilfestellungen ableiten. Sie werden ergänzt durch Überlegungen zur *etappenspezifischen Aufgliederung* des Lehrstoffes. In Analogie zu den im normalen Spracherwerb ablaufenden Prozessen sollte vor allem im Vorschulalter am Anfang strukturierter sprachtherapeutischer Interventionen das gegenständliche Hantieren und *gemeinsame Handeln im Kommunikationsprozeß* stehen, dem eine „Interiorisierung" (*Galperin* 1967) von der äußeren zur inneren Sprache folgt.

Nach *Lompscher* (1975, 58 ff) lassen sich dabei 4 Ebenen der geistigen Tätigkeit und Entwicklung unterscheiden (s. Abb. 7).

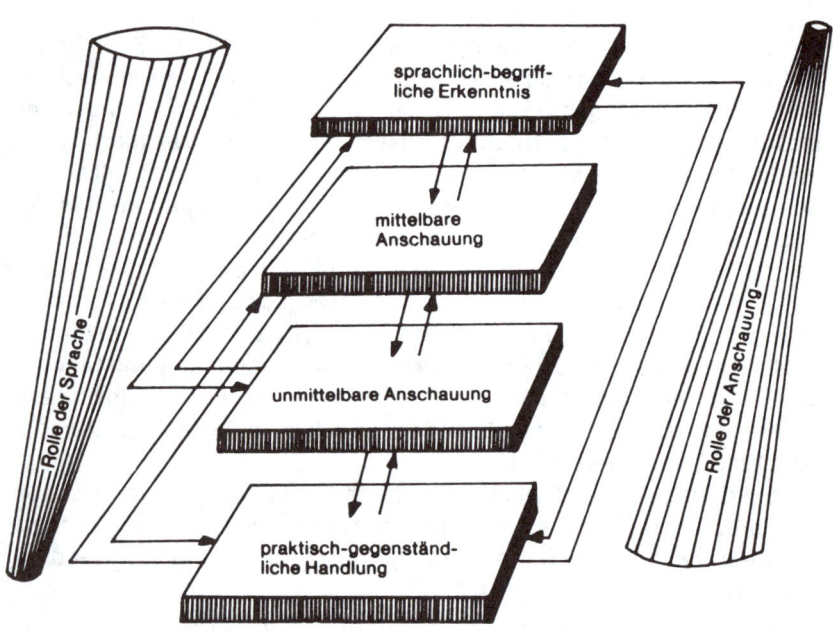

Abb. 7: Ebenen der geistigen Tätigkeit

Auf der Ebene der *praktisch-gegenständlichen Handlung* überwiegen senosmotorische Tätigkeiten, in denen die Koordination von Wahrnehmungs- und differenzierten Bewegungsleistungen geübt wird (z.b. Greifen, Balancieren ..). Der Stellenwert der Sprache beschränkt sich auf eine lautierende, handlungsbegleitende Funktion. – Die Ebene der *unmittelbaren Anschauung* im Vorschulalter bezieht sich primär auf den Nachvollzug von Erlebnissen und Erfahrungen zum Aufbau eines altersspezifischen Weltbildes. Konkrete Kausalzusammenhänge werden sprachlich altersentsprechend erfaßt (Warum-Fragen). – Auf der Ebene der *mittelbaren Anschauung* im Grundschulalter wird Sprache für die Aneignung anwendungsorientierter Kenntnisse und die Klassifikation konkreter Sachverhalte zunehmend bedeutsam. Das Kind lernt sprachbezogen anschaulich zu denken. – Die Ebene der *sprachlich-begrifflichen Erkenntnis* setzt mit dem 10./ 11. Lebensjahr ein. Sprache wird zur Grundlage theoretischen Denkens unter Einbeziehung kausalen und funktionalen Denkens.

Die einzelnen Ebenen sind dabei nicht isoliert voneinander zu verstehen. Sie sind hierarchisch strukturiert, d.h. niedrigere Ebenen stützen die nächsthöheren. Jede höhere Ebene setzt geistige Prozesse auf der vorangehenden Ebene voraus.

Derartige Veränderungen bei der aktiven Auseinandersetzung des Kindes mit seiner Umwelt finden ihre Entsprechung in der Notwendigkeit einer Variation sprachtherapeutischen Handelns nach entwicklungspsychologischen Gesichtspunkten.

3.3.2.3. Entwicklungspychologische Modifikation

Je nach Alter des Kindes erfolgt eine Angleichung des didaktisch-methodischen Vorgehens, indem eine inhaltliche Variation und mediendidaktische Angleichung vorgenommen wird. Zusätzlich werden altersspezifische Schwerpunkte hinsichtlich des Adressatenkreises sprachtherapeutischer Maßnahmen (vorwiegend familienorientiert, kindorientiert) sowie Fragen der organisatorischen und institutionellen Umsetzung bedeutsam.

Frühbereich (0 bis 3 Jahre)

Die Möglichkeiten frühkindlicher Einflußnahmen auf das Sprachverhalten sind nicht unumstritten. Dem Hinweis auf die Bedeutung sensibler

Phasen für die Ausbildung sprachprägender Verhaltensmuster stehen nicht nur Schwierigkeiten der Erfassung und gezielten Intervention, sondern u.U. auch unkontrollierte Nebenwirkungen für das Kind, seine Eltern sowie die familiäre Interaktion entgegen.

Generell ist vor einer unreflektierten Übernahme traditioneller sprachtherapeutischer Prinzipien aus dem Schulbereich zu warnen. In dieser Altersstufe sollte kein Training isolierter Einzelfunktionen im Bereich der Artikulation und syntaktisch-morphologischen Regelkompentenz, sondern eine *ganzheitliche Stimulation* vorgenommen werden, die sich auf sprachvorbereitende und -stützende Maßnahmen im Rahmen der natürlichen Mutter-Kind-Interaktion beziehen. Schwerpunkte liegen im Bereich des elterlichen Sprach- und Erziehungsverhaltens im Sinne einer „korrigierenden Rückmeldung" (*Wyatt* 1973).

Dementsprechend stehen im Frühbereich *familienzentrierte* Angebote im Vordergrund. Den Eltern soll geholfen werden, ihr Sprach- und Erziehungsverhalten besser auf die kindlichen Bedürfnisse abzustimmen. Die institutionelle Umsetzung verweist auf die Bedeutung *mobiler Dienste*. Möglichkeiten zur praktischen Realisierung werden durch das Sytem der „Frühpädagogischen Stationen" (*Arbeitsstelle Frühförderung Institut für Sonderpädagogik der Universität München* 1982) konzeptionell ausgewiesen.

Elementarbereich (3 bis 6 Jahre)

In dieser Altersstufe ist die absolute und prozentuale Häufigkeit an Kindern mit Sprachentwicklungsstörungen am größten. Gleichzeitig bestehen besondere Möglichkeiten der frühzeitigen Kompensation noch vor der Einschulung, so daß häufig weiterreichende, auf die personale und soziale Entwicklung des Kindes Einfluß nehmende Sekundärströrungen vermieden werden können. Von daher sollte hier ein Schwerpunkt künftiger sprachtherapeutischer Interventionen liegen.

Die entwicklungspsychologische Ausrichtung der Maßnahmen verweist auf die besondere Bedeutung des *Spiels* unter Beachtung sozialpädagogischer Prinzipien. Es stellt sich die Aufgabe, den in Kapitel 3.1. als Dualismus von Spiel und Sprachtheorie bezeichneten Zwiespalt aus Gewährenlassen und gezielter Anforderung immer wieder neu zu überbrücken.

Der institutionelle Rahmen sollte dem Grundsatz entsprechen, sprachtherapeutische Maßnahmen nicht nur auf das Kind zu beziehen, sondern prinzipiell die Eltern aktiv in den Interaktionsprozeß miteinzubeziehen.

40

Dem entspricht ein *Verbundsystem von mobilen Diensten sowie einzel- und gruppentherapeutischen Maßnahmen,* die je nach Schweregrad der Störung, regionalem Angebot, Mitarbeit der Eltern, Entfernung der Institutionen usw. in Beratungsstellen, separierten Sonderkindergärten, aber auch in Regelkindergärten ambulant durchgeführt werden können.

Schulalter

Von der Erfassung, gezielten therapeutischen Einflußnahme, aber auch vom normalen Entwicklungsverlauf her sind schulpflichtige Kinder mit Sprachentwicklungsstörungen auf den *Primarbereich* zentriert. Dabei erfolgt eine Änderung der Störungsformen, indem leichtere Sprachentwicklungsretardierungen ausgesiebt werden und komplexe Behinderungsformen verbleiben.

Diesem Altersbereich der zumeist sieben- bis zehnjährigen, nur in seltenen Fällen über zwölfjährigen Kinder entsprechend ist eine Modifikation des didaktisch-methodischen Vorgehens erforderlich. Neben einer Erweiterung der methodischen Möglichkeiten (Bsp.: Einsatz von Schrift) sind auch erhöhte Anforderungen an die Verbindung kognitiver und sprachbezogener Inhalte denkbar. Zum Verhältnis sachspezifischer und sprachtherapeutischer Einflußnahme in der Sprachbehindertenschule, die sich im Dualismus aus Unterricht und Therapie manifestiert, wurde auf Lösungsmöglichkeiten isolierter, additiver, integrierter und immanenter Bezugnahmen verwiesen (s. Kap. 3.1.).

Der prinzipielle Ansatz, das Kind *und* seine Eltern am sprachtherapeutischen Prozeß zu beteiligen, sollte auch in dieser Altersstufe aufrecht erhalten werden. In der Schule wie in der Ambulanz fördert eine aktive Mitarbeit der Eltern den Therapieerfolg.

3.3.2.4. Gesprächs-, spiel- und familientherapeutische Grundkenntnisse

Sprachstörungen sind häufig mit kommunikativen Beeinträchtigungen, psychosozialen Problemen und familiären Schwierigkeiten regelkreisartig verbunden. Dies verweist auf die Notwendigkeit der Umfeldarbeit sowie einer Analyse und Aufarbeitung der Lebensbedeutsamkeit von Sprachstörungen für Eltern und Kinder.

Demzufolge sollte die sprachtherapeutische Qualifikation auch Merkmale der

– *Spieltherapie* zur Einflußnahme auf das Kind sowie der
– *Elternarbeit* unter besonderer Berücksichtigung gesprächs- und familientherapeutischer Grundkenntnisse

enthalten. Dazu ist zu vermerken, daß im Regelfall keine weiterreichende tiefenpsychologische Ausbildung vorausgesetzt werden kann. Andererseits wird der Sprachbehindertenpädagoge mit diesen Aufgaben in der Praxis konfrontiert sein. Eine Delegation an fachspezifische Dienste (Schulpsychologen, Sozialarbeiter ..) ist nur in schwierigen Einzelfällen möglich und sollte auch nicht als Routinelösung angestrebt werden, da sich zur Aufrechterhaltung eines ganzheitlichen Beziehungsaspektes die Zentrierung auf *einen* Ansprechpartner für Eltern und Kinder als besonders günstig erweist.

Dabei geht es nicht um eine tiefenpsychologische Analyse und Behandlung im engeren Sinne, sondern um pädagogisch-einfühlsame Gespräche auf der Basis gegenseitigen Vertrauens. Die pädagogische Sprachtherapie, gesprächs- und spieltherapeutische Konzepte und
· letztlich auch neuere familientherapeutische Ansätze beziehen sich dabei auf ähnliche theoretische Grundlagen. Im Vordergrund stehen das ganzheitliche Verstehen und die Beziehung des Therapeuten zum Kind und seinen Eltern. *Tausch/Tausch* (1981, 29) nennen als „fördernde Haltungen und Aktivitäten von helfenden Personen in Gesprächen"
– einfühlendes nicht wertendes Verstehen
– Achten – Wärme – Sorgen
– Echtheit – Ohne-Fassade-Sein – inneres Übereinstimmen

Diese Einstellungen werden als notwendige und hinreichende Bedingungen des Therapeuten angesehen, um über Gespräche eine Hilfe zur Selbsthilfe zu erreichen. Wesentlich ist die bewußte Vermeidung aufdeckender Deutungen, da diese eher als verängstigend angesehen werden.

Wegbereitend für diese grundlegende paradigmatische Ausrichtung waren die Arbeiten von *Rogers,* der bei stetiger Weiterentwicklung des konzeptionellen Ansatzes sein Vorgehen als „nicht-direktiv" (*Rogers* 1972, engl. 1942), „klienten-bezogen" (*Rogers* 1973, engl. 1951) bzw. „personen-zentriert" (*Rogers* 1974, engl. 1969) bezeichnete. Hinsichtlich der Arbeit mit dem Kind wurden diese Gedankengänge zunächst von *Axline* (1972, engl. 1947) aufgenommen und zu einer „nicht-direktiven Kinderspieltherapie" verarbeitet. In der Bundesrepublik erfolgte u.a. eine Weiterentwicklung durch *Schmidtchen* (1974, 1978) unter Hinzunahme lern- und handlungstheoretischer Prinzipien. Zur Arbeit mit Erwachsenen wurden u.a. von *Goetze* (1981) und *Tausch/Tausch* (1981) unter Betonung des interaktionalen Veränderungsprozesses, bei dem sich der Therapeut als Partner miteinbringt, praxisrelevante Hilfen formuliert. Dabei bestehen Übereinstimmungen mit familientherapeutischen Ansätzen (*Minuchin/Fishman* 1983, *Satir* 1973). Die Aufgabe des Therapeuten besteht auch hier vor allem darin, Bedingungen herzustellen, die die Selbstgestaltungskräfte des einzelnen oder der Familie (re-)aktivieren. Er versteht sich dabei als Teil des Gesamtsystems und kann nicht unbeteiligt sein. Wirksam wird er erst durch den Einsatz seiner ganzen Persönlichkeit, weniger aufgrund einer gesprächs- oder familientherapeutischen Beratungstechnologie.

Es bleibt zu fragen, ob eine Übernahme dieser populär gewordenen Grundideen der genannten Autoren im Sinne einer „reinen Lehre" in jedem Fall möglich bzw. zu empfehlen ist. *Jaeggi* et al. (1983, 10) sprechen davon, „daß das strenge Festhalten an einer Therapiemethode nur in den seltensten Fällen durchzuhalten ist" und befürworten eine Kombination tiefenpsychologischer, gesprächstherapeutischer und verhaltenstherapeutischer Verfahren. Letztlich bleibt es eine Frage des persönlichen Stils. Erst bei einer Übereinstimmung von eigener Persönlichkeit und der gewählten „Beratungstechnik" wird der Therapeut wirksam (s. Kap. 4.1.1.). Als wichtig erweist sich in jedem Falle der Aufbau einer therapeutischen Beziehung.

3.4. Problemfelder und Grenzen sprachtherapeutischer Intervention

In den bisherigen Erörterungen wurde die Notwendigkeit und Bedeutung sprachtherapeutischer Interventionen nicht nur für das aktuelle Sprachverhalten selbst, sondern auch im Hinblick auf die kognitive Entwicklung (Sprache als entwicklungsfördernder Impuls), die Schulleistung (Bsp.: Zusammenhänge von Laut- und Schriftsprache, soziale Faktoren der Sprachstörung) sowie die psychosoziale Entwicklung des betreffenden Menschen herausgestellt. Die besonderen Möglichkeiten zur Kompensation der Störung an sich dürfen jedoch nicht darüber hinwegtäuschen, daß die Durchführung sprachtherapeutischer Maßnahmen prinzipiellen *Schwierigkeiten* unterliegt, nicht immer frei von unerwünschten und unkontrollierten *Nebenwirkungen* ist und letztlich grundsätzliche *Grenzen* hat. Vor allem bezieht sich dies auf den Früh- und Elementarbereich, wenn eine primäre Prävention angestrebt wird. Generelle Probleme bei der Verhütung, aber auch bei der frühzeitigen

Beeinflussung von Sprachentwicklungsstörungen ergeben sich dadurch, daß

- der betreffende Personenkreis nur *unzureichend erfaßt* wird. Dies bezieht sich nicht nur auf Fragen der Öffentlichkeitsarbeit und Institutionalisierung. Sprachstörungen sind relative Abweichungen, die den subjektiven Erwartungsvorstellungen unterliegen: Wer setzt die Norm? Welches Kind muß überhaupt therapiert werden? Von welchem Alter an? Mit welchem Ziel? ...
- der *Bedingungszusammenhang* der einzelnen Entstehungsvariablen im allgemeinen nur *unzureichend bekannt* ist. Dadurch sind zum einen die geforderten ursachenspezifischen Maßnahmen nur bedingt durchführbar, und zum anderen läßt sich die Wirkung der durchgeführten Maßnahme innerhalb des komplexen Bedingungsgefüges kaum abschätzen („Konsequenz der Konsequenz").
- die als wesentlich herausgestellte *Mitarbeit der Eltern* nicht immer vorausgesetzt werden kann. Die Bereitwilligkeit und Fähigkeit zur aktiven Teilnahme ist ebenso wie die Nachhaltigkeit der Erfolge in höheren Schichten besser (*Bronfenbrenner* 1974). Andererseits treten Sprachstörungen vor allem bei Kindern aus unteren Sozialschichten überproportional häufig auf, so daß kreisförmige Prozesse therapeutischer Interventionsmöglichkeiten, aber auch der individuellen Benachteiligung wirksam werden können.
- die *Effektivität* sprachtherapeutischer Interventionen nicht eindeutig kontrolliert werden kann. Im Einzelfall ist keine sichere Abgrenzung von Therapieerfolg und normalem Entwicklungsverlauf möglich. Die Zukunftsunsicherheit über langfristige Effekte geht einher mit einer unklaren Genese möglicher Erfolge: Es ist kaum abzuschätzen, ob die Übungsaufgaben an sich, ein spezifisches methodisches Vorgehen, oder aber allein die persönliche Beziehung des Therapeuten zum Kind eine Verbesserung des Sprachverhaltens verursacht haben.

Neben diesen prinzipiellen Schwierigkeiten können sich bei der sprachtherapeutischen Arbeit selbst unkontrollierte Risiken und Auswirkungen für das Kind, seine Eltern sowie die Beziehung von Eltern und Kind ergeben. Beim *Kind* selbst vermag die gezielte Hinlenkung auf das sprachspezifische Symptom zu einem Störungsbewußtsein führen, das durch Stigmatisierungsprozesse der Umwelt verstärkt wird. Die *Eltern* können Schuldgefühle entwickeln, wenn sie die Behinderung ihres Kindes als Ausdruck eigenen Unvermögens erkennen bzw. zu erkennen glauben. Dies wiederum kann Störungen der emotionalen *Eltern-Kind-*

Beziehung nach sich ziehen, wenn eine beiderseitige Verunsicherung die familiäre Beziehung belastet.*

Die beim jeweiligen Einzelfall immer wieder neu zu stellende Frage lautet deshalb, ob eine Sprachtherapie für das Kind wirklich Vorteile erwarten läßt und wie sie unter den gegebenen Verhältnissen durchgeführt werden kann. Dies gilt es dabei *vorher* abzuwägen, da Therapieabbrüche für das Kind und seine Umwelt mit negativen Auswirkungen verbunden sind.

Eine derartige kritische Beurteilung der Realisierungsmöglichkeiten sowie fakultativer einschränkender Nebenwirkungen bedeutet keine Abkehr von der positiven Einschätzung sprachtherapeutischer Arbeit an sich, sondern verweist lediglich auf die Grenzen der „Machbarkeit" jeglichen Eingriffs in die Entwicklungs- und Sozialisationsbedingungen des Kindes. Ein Rest Einzigartigkeit wird immer bleiben und sollte aus ethischer Verantwortung auch nicht angetastet werden.

---

*So berichten auch *Kautter/Klein* (1982, 47 ff) von erheblichen Problemen bei der Durchführung eines Frühförderungsprojekts in einer Stuttgarter Obdachlosensiedlung. Die ursprünglich intendierte Beeinflussung der Mutter-Kind-Interaktion mußte aufgegeben werden, da in der Praxis nicht nur Probleme hinsichtlich der Mitarbeit entstanden, sondern die Maßnahmen auch zu einer Verunsicherung der Eltern beigetragen hatten, als Eingriff in die Privatsphäre abgewehrt wurden sowie Selbstzweifel und Schuldgefühle hervorgerufen hatten.

4. Didaktik und Methodik der Sprachtherapie

Bei der weiteren Bearbeitung der inhaltlichen und methodischen Gestaltung des sprachtherapeutischen Vorgehens wird die in Kapitel 3.2. genannte Triade Therapeut-Kind-Eltern wieder aufgenommen. Die Gliederung der Thematik erfolgt damit im Hinblick auf
– grundsätzliche Überlegungen zur Person des Therapeuten,
– die Darstellung spezieller Übungsmaßnahmen mit dem sprachgestörten Kind im Rahmen eines ganzheitlichen Konzeptes,
– Hinweise zur Arbeit mit den Eltern.

4.1. Zur Person des Sprachtherapeuten

„Ich suche Freunde, "sagte der kleine Prinz. „Was heißt 'zähmen'?"
„Das ist eine in Vergessenheit geratene Sache," sagte der Fuchs. „Es bedeutet: sich 'vertraut machen'."
„Vertraut machen?"
„Gewiß," sagte der Fuchs. „Du bist für mich noch nichts als ein kleiner Knabe, der hunderttausend kleinen Knaben völlig gleicht. Ich brauche dich nicht, und du brauchst mich ebensowenig. Ich bin für dich nur ein Fuchs, der hunderttausend Füchsen gleicht. Aber wenn du mich zähmst, werden wir einander brauchen. Du wirst für mich einzig sein in der Welt. Ich werde für dich einzig sein in der Welt ..."
„Ich beginne zu verstehen," sagte der kleine Prinz.

„Adieu," sagte der Fuchs. „Hier ist mein Geheimnis. Es ist ganz einfach,: man sieht nur mit dem Herzen gut. Das Wesentliche ist für die Augen unsichtbar."

(*Saint-Exupéry*: Der kleine Prinz, XXI)

4.1.1. Selbstverständnis und Rolle

Das aktuelle Verhalten der beim sprachtherapeutischen Prozeß beteiligten Personen ist Ausdruck ihres jeweiligen Selbstverständnisses. Mögliche Grundhaltungen wurden dazu bereits in den Kapiteln 3.2. und 3.3.1. genannt (Bsp.: das eindimensionale Arzt-Patientenverhältnis, die partnerschaftlich-kooperative Beziehung ...).
Im folgenden wird davon ausgegangen, daß der Therapeut aus einem grundsätzlich *interaktionalen Verständnis* heraus wirksam wird. Entscheidend ist dabei das wechselseitige *Verstehen* in der persönlichen Begegnung, das sich „vertraut machen", wie es in dem o.g. Zitat von *Saint-Exupéry* genannt wird.
Auch unter Zugrundelegung dieses Primats werden sich die jeweiligen Beziehungsmodalitäten unterschiedlich gestalten. Die möglichen Verhaltensformen pendeln sich zwischen den Extremvarianten des nichtdirektiven Vorgehens, bei dem der Sprachgestörte den Verlauf der Maßnahmen führt und der Therapeut folgt (*Rogers* 1972), sowie bewußt direktiven Maßnahmen, bei denen der Therapeut den Übungsweg vorgibt (*Haley* 1977). Die damit einhergehenden Fragestellungen finden sich in der Diskussion zur Rolle des Therapeuten in der Psychotherapie wieder, deren verschiedene Richtungen (Gesprächstherapie, Verhaltenstherapie, Psychoanalyse, Gestalttherapie, Familientherapie, Rational-emotive Therapie, Primärtherapie, Transaktionale Analyse, Psychodrama ...) Ausdruck eines unterschiedlichen Selbstverständnisses sind (*Petzold* 1980). Verabsolutierungen sollten dabei vermieden werden. Ein ausschließlich nichtdirektives Verhalten ist in der Praxis zumeist illusionär und letztlich auch nicht erwünscht, so daß eher von relativer Nondirektivität geredet werden sollte. Eine totale Empathie stellt eine Überforderung in jeder Hinsicht dar, auch im Hinblick auf die psychische Belaßtbarkeit des Therapeuten. Ausschließlich direktive Vorgaben wiederum entmündigen den Sprachgestörten als Person. Als realistisch bezeichnet deshalb *Petzold* (1980 a) einen „integrativen Stil" bei „selektiver Offenheit" und „partieller Teilnahme".
Es deutet sich an, daß jeder einzelne für sich entscheiden muß, aus welcher Grundhaltung heraus er therapeutisch tätig wird. Entscheidend ist dabei die Übereinstimmung der zugrundegelegten Konzeption mit der eigenen Persönlichkeit. Nicht jeder kann vorwiegend nichtdirektiv vorgehen. Das in der Therapie gezeigte Verhalten wird nur noch zur klischeehaften Rolle und manipulativen Technik, wenn es nicht in Übereinstimmung mit dem sonstigen Verhalten steht und zur Fassade wird.

Erschwerend tritt hinzu, daß das Verhalten des Therapeuten zwar einer bestimmten Grundhaltung entspringt und damit weitgehend habituell ist, jedoch je nach Situation und Anforderung (Erwartungshaltung der Eltern, des Sprachgestörten ..) zu modifizieren ist. Als Beispiel sei der Konflikt aus Lehrerrolle und personenzentrierter Therapeutenrolle bei Sprachbehindertenpädagogen genannt. Vom Lehrer in der Schule erwarten die Eltern häufig bestimmte Verhaltensregeln und sind enttäuscht, wenn sie diese nicht bekommen. Bei einem Fachmann in Therapeutenfunktion sind die Eltern eher bereit, über sich und ihre Probleme mit ihrem sprachgestörten Kind partnerschaftlich zu reden. Schwierig kann es werden, wenn beide Rollen gleichzeitig eingenommen werden müssen.

Es bleibt festzuhalten, daß für das Gelingen der therapeutischen Situation gute Vorbedingungen gegeben sind, wenn alle Beteiligten mit ähnlichen Erwartungen aufeinander zugehen. Voraussetzung dazu ist gegenseitiges *Vertrauen*. Als Kernstück der Therapie erweist sich die *therapeutische Beziehung*. Sie wird durch bestimmte Einstellungen (Echtheit und Aufrichtigkeit, einfühlendes Verstehen) gefördert, die jedoch nicht als Techniken anzuwenden sind, sondern als Ausdruck der Persönlichkeit des Therapeuten verstanden werden sollten.

4.1.2. Sprachfördernde Merkmale des Therapeutenverhaltens

Im Einklang mit den bisherigen grundsätzlichen Vorüberlegungen steht die Beobachtung, daß im Rahmen der Sprachtherapie nicht allein die Übungsmaßnahmen an sich wirksam werden, sondern vorwiegend der Therapeut mit seinem Verhalten im beziehungsmäßig erlebten Kontext. So bleibt zu fragen, inwieweit ein bestimmtes (Sprach-)Verhalten als besonders sprachanregend bzw. therapiefördernd auszumachen ist.

Die *theoretische Grundlage* bilden Beobachtungen und Untersuchungen zur Mutter-Kind-Interaktion. Die vorwiegend aus dem angloamerikanischen Raum stammenden Belege der Sozialisationsforschung, Pragmalinguistik, Lerntheorie sowie verschiedener ethologischer und tiefenpsychologischer Richtungen weisen übereinstimmend darauf hin, daß „bestimmte Formen der Mutter-Kind-Beziehung die kindliche Sprachentwicklung fördern, andere, entgegengesetzte Beziehungsformen die Sprachentwicklung stören" (*Wyatt* 1973, 11). Das Interaktionsgefüge wird dabei von einer Vielzahl von Faktoren beeinflußt, die sich hauptsächlich zusammensetzen aus

- *verbalen Bestandteilen*, indem eine intensive Abstimmung des elterlichen Sprachverhaltens auf die jeweiligen perzeptiven und kognitiven Möglichkeiten des Kindes erfolgt,
- *nonverbalen Bestandteilen* (Mimik, Gestik, Stimmgebung, Prosodie ..), die das Gesagte begleitend interpretieren und über emotionale Einflüsse das Verständnis der Gesamtsituation erleichtern,
- der *affektiven Beziehung*, die zur Basis gegenseitigen Verstehens und der emotionalen Entwicklung des Kindes wird.

Die nähere Einsicht in die Hintergründe der kindlichen Sprachanregung führte zu Veränderungen des Selbstverständnisses sprachtherapeutischen Vorgehens. Zum einen wurde die Notwendigkeit elternzentrierter Maßnahmen betont, um die Bedingungen sprachlicher und emotionaler Stimulanz zu verbessern, zum anderen wurden aus der Kenntnis sprachfördernder Merkmale im Kommunikationsprozeß wesentliche Hinweise für ein gezieltes Therapeutenverhalten im Interaktionsprozeß abgeleitet. Das Ziel besteht darin, eine Anlehnung der sprachtherapeutischen Gestaltung an die Bedingungen des normalen Spracherwerbs bzw. eine Verbesserung dieser Bedingungen selbst durch Anleitung der Eltern zu erreichen (s. Kap. 4.3.2.1.). Ein derartiges spracherwerbsbezogenes Vorgehen, das die Selbstlernaktivität des Kindes durch Vorstrukturierung sprachanregender Situationen und gezielte Sprachgestaltung zu aktivieren sucht, wird von *Dannenbauer* (1983, 1984 a) als „entwicklungsproximal" bezeichnet. Entwicklungsproximalität wird dabei verstanden als „Sequenz möglichst natürlicher Interaktionssituationen, in denen das Kind in nonverbalen und verbalen Handlungsvollzügen mit einem kooperativen Sprachbehindertenpädagogen seine Motivationen und Fähigkeiten zur sprachlichen Kommunikation erweitert und verfeinert" (*Dannenbauer* 1984 a, 37). Dieses Verhalten ist in ein gemeinsames Handeln eingebettet, bei dem das Kind soziale und kognitive Erfahrungen sammeln kann.

Der Therapeut sollte dabei sein Sprachverhalten dem jeweiligen Sprachniveau des Kindes anpassen. Im Sinne einer „positiven Regression" (*Wyatt* 1973) erweist es sich als günstig, wenn der Therapeut Sprachstrukturen verwendet, die dem aktuellen Ausdrucksniveau des Kindes nur wenig vorauseilen. Dem Kind wird die stufenweise Höherentwicklung seines Sprachausdrucks erleichtert, wenn der Therapeut durch die Verwendung einfacher Wörter und Satzstrukturen bei deutlicher Artikulation und Sprechweise auf die auditive Merkmalsspanne und kognitiven Voraussetzungen des Kindes gezielt eingeht.

Dem natürlichen Interaktionsablauf in der Mutter-Kind-Dyade entsprechend erweist sich dabei das *handlungsbegleitende Sprechen* als besonders wichtig. Dabei werden Alltags- und Spielsituationen durch einfache, möglicherweise sogar unvollständige Satzfolgen spontan kommentiert.

> Bsp.: „Mama wäscht jetzt – Schau, den Pulli hier! – Wo ist der Pulli? – Da ist er (gestisch hinweisend) – Platsch, jetzt ist er im Wasser ..."

Die Äußerungen des Kindes können hierbei im Sinne einer „korrigierenden Rückmeldung" (*Wyatt* 1973: „corrective feedback") aufgenommen und hinsichtlich der Artikulation, Begriffsbildung und grammatischen Exaktheit interpretiert werden. Wesentliche Verhaltensformen sind dabei u.a.:

– *Wiederholen und Verstärken*
Die Äußerungen des Kindes werden vom Therapeuten erneut genannt und als richtig hervorgehoben.
> Bsp.: Kind: „Da ist ein Ball."
> Therapeut: „Richtig, ein Ball!" (mimisch-gestisch unterstützend, Ausdruck der Freude und affektiven Zuwendung)

– *Wiederholen und Erweitern (Expansion)*
Die kindlichen Äußerungen werden aufgenommen, bestätigt und grammatikalisch ergänzt.
> Bsp.: Kind: „Da ist Auto."
> Therapeut: „Da ist das Auto." (verstärkender Tonfall, s.o.)

– *Wiederholen und Verbessern*
Es werden kurze Hinweise auf den exakten Sprachgebrauch gegeben.
> Bsp.: Kind: „Lokolade"
> Therapeut: „Schokolade" (evtl. Betonung des / sch/)
Denkbar sind auch Korrekturen, die dem Kind neue Informationen liefern.
> Bsp.: Kind: „Da Auto."
> Therapeut: „Nein, das ist ein Schiff." (evt. Vergleich der beiden Gegenstände, Bilder ..)

– *Fragetechniken, Aufforderungen, Impulse*
Damit wird eine Vielzahl von sprachlichen Anregungen zusammengefaßt, die das Kind zum Weiterdenken und Formulieren ermutigen, aber auch bestimmte Kenntnisse unterstreichen sollen. Als Beispiel wird

eine Alternativfragetechnik genannt, bei der durch die Art der Frage der Schwierigkeitsgrad der kindlichen Reaktion gesteuert werden soll.

Bsp.: Therapeut: „Liegt die Puppe auf dem Tisch oder auf dem Stuhl?"
    Kind: „.. auf dem Stuhl."
Bei den Antworten sind unvollständige Sätze im Sinne der Erwachsenengrammatik zulässig. Wichtig ist, daß keine suggestiven Fragen gestellt werden, die vom Kind nur mit „ja" oder „nein" beantwortet werden müssen.

In der Realität werden die einzelnen Verhaltensformen ineinander übergehen und je nach Situation intuitiv verwendet. Als Beispiel für eine gelungene, auch sprachtherapeutisch wirksame Kommunikation verweist *Wyatt* (1973, 22 f) auf folgende Interaktionssequenz zwischen einem vierjährigen Mädchen und seiner Mutter, bei der beide ein Bilderbuch ansehen.

Lisa: „Da ist meine Katze."
Mutter: „Wo ist die Katze?"
Lisa: „Auf dem Baum. Sie wollte nicht zum Essen herunterkommen. Pappi Katze ist nicht zu Hause."
Mutter: „Nicht zu Haus?"
Lisa: „Nein, is' auf den Baum gelaufen – oh, mei' Fuß!"
Mutter: „Was ist los mit deinem Fuß?"
Lisa: „Ich hab' die Zehen verbogen." (Sie reibt ihre große Zehe)
Mutter: „Ist es jetzt besser?" (reibt Lisas Fuß)
Lisa (sieht ein anderes Bild in ihrem Buch): „Ja. Schau mal den Mann an. Der schreibt auf dem Ding."
Mutter: „Das ist eine Schreibmaschine. Er schreibt auf einer Schreibmaschine."
Lisa (sieht das nächste Bild): „Sieh den Zaun. Der kann nicht drübersteigen."
Mutter: „Nein, der Zaun ist zu hoch."
Lisa: „Ein Hängeruh könnt' drüberspringen. Schau, wie ich spring!" (Sie lacht und hüpft herum)
Mutter: „Oh ja, du wärst ein gutes Känguruh!"
Lisa: „Mir is' heiß." (Sie läßt das Buch auf den Boden fallen)
Mutter: „Wenn du nicht mehr liest, leg das Buch weg."
Lisa: „Daher?" (Sie geht zum Bücherschrank)
Mutter: „Ja, dorthin." (Sie deutet) „Leg das Buch in die mittlere Lade."
Lisa: „Die da?" (Sie berührt die mittlere Lade)

Mutter: „Ja, ja, das ist recht. Du bist ein gutes Mädel. Komm und gib mir einen Kuß."

Lisa (lacht und läuft zur Mutter. Sie klettert auf ihren Schoß. Mutter und Kind umarmen und küssen einander.)

Mutter: „Du bist aber heiß. Nach dem Essen werd'n wir alle in den Teich schwimmen gehen."

Lisa (hüpft aus dem Zimmer, singend): „Schwimmen, schwimmen, schwimmen. Wir gehen alle schwimmen ..."

Das Sprachverhalten der Mutter in diesem Gesprächsabschnitt ist durch kurze, einfache Sätze gekennzeichnet, die dem kindlichen Entwicklungsstand angepaßt sind. Sie gibt Impulse, verweist auf neue Wörter, gibt korrigierende Rückmeldungen (Hänguruh ➤ Känguruh) und hält den Gesprächsfluß durch expandierende Imitationen aufrecht. Es entsteht der Eindruck einer spontanen, ungezwungenen Atmosphäre.

Was ebenfalls wichtig wäre zur Beurteilung dieser Interaktionssequenz, wäre die Kenntnis der vorhergehenden und nachfolgenden Situation (Kontextabhängigkeit) und der generellen Beziehungsmodalität. Hier zeigen sich prinzipiell Grenzen der Interaktionsanalyse, aber auch der Trainierbarkeit eines kindgemäßen Sprachvorbildes. Das aktuelle (Sprach-)Verhalten ist stets Ausdruck der zugrundeliegenden affektiven Einstellung. Von daher ist es unzulässig, wenn nur die sprachliche Komponente der Interaktion gesehen und als Technik angewendet wird. Es besteht die Gefahr der Divergenz von verbalem Verhalten und zugrundeliegender Einstellung. Das Kind durchschaut die freundliche Ansprache als unecht, es kann im Extremfall zur Double-bind-Situation kommen. Von daher ist es wichtig, daß die Ausrichtung des Therapeutenverhaltens an den o.g. Merkmalen sprachfördernder Kommunikation nicht zur oberflächlichen Routine entarten darf. Verbale und nonverbale Bestandteile der Kommunikation müssen übereinstimmen und auf der Basis der affektiven Beziehung vom Kind als glaubhaft erlebt werden. Der Therapeut wirkt als Mensch; seine Technik ist ein notwendiges, aber nicht hinreichendes Handwerksmaterial.

4.2. Zur Arbeit mit dem Kind

„Jedes Mißtrauen, das ich einem anderen Menschen entgegenbringe, verändert diesen Menschen. Es macht ihn ebenso faul und dumm und hinterhältig, wie ich es in meinem Mißtrauen von ihm erwartet habe. Und umgekehrt: Jedes Vertrauen verwandelt ihn im positiven Sinn in einen besseren Menschen, den das Vertrauen in ihm vorausgesetzt hat. Man kann den anderen Menschen geradezu besser machen, indem man ihn für besser hält" (*Bollnow* 1959, 143).

Dem zugrundegelegten ganzheitlichen Konzept gemäß sind sprachtherapeutische und -fördernde Maßnahmen nicht isoliert, sondern eingebettet in mehrdimensional entwicklungsfördernde Handlungsimpulse unter Herausarbeitung spezifischer Schwerpunkte durchzuführen. Im einzelnen sind dabei
– die Stimulation von sprachtragenden sensomotorischen Basisfunktionen sowie
– die sprachstörungsspezifischen Verfahren selbst
angesprochen. Je nach individuellem Störungsbild sind die Maßnahmen dementsprechend zu akzentuieren.

4.2.1. Förderung sprachtragender sensomotorischer Basisfunktionen

Der kindliche Spracherwerb setzt die Funktionsfähigkeit sensorischer, motorischer, kognitiver und sozial-emotionaler Entwicklungsbereiche voraus. Dementsprechend kann ein gestörtes Sprachvermögen Ausdruck von Funktionseinbußen in den genannten Bereichen sein.
Für eine strukturell und prozeßorientierte Lernplanung von Sprachtherapie bedeutet dies, zunächst die Basisvoraussetzungen des Sprachverhaltens anzusprechen, um möglichst ursachenspezifisch, im besten Fall sogar präventiv vorzugehen. Eine derartig komplexe und multisensuell angelegte Förderung nimmt ihren Ausgang in dem tätigen Umgang des Kindes mit Spielmaterialien, bei dem eigene Erfahrungen in spontan ausgenutzten oder spezifisch vorstrukturierten Alltagssituationen gesammelt werden. Dabei sind die Wahrnehmung, Motorik usw. nicht für sich zu üben, sondern über problemlösende Geschehnisse in einem ganzheitlichen Kontext indirekt oder direkt zu stimulieren.
Zu bedenken ist dabei die Altersstufe der Kinder. Vorwiegend werden die angesprochenen Förderangebote im Vorschul- bzw. frühen Grundschulbereich erforderlich sein. Den entwicklungspsychologischen Voraussetzungen entsprechend steht der spielerische Charakter im Vordergrund. Ein Drill von Einzelfunktionen ist abzulehnen. Im Spiel macht das Kind aus Spaß viele Dinge richtig, die es bei den als Zwang erlebten Lernanforderungen nicht gekonnt hätte. Die pädagogische Nutzbarma-

chung des Spiels ist in der Sprachtherapie ein gängiges methodisches Mittel, bei dem die Wirkung „sprachfördernder Spiele" (*Löwe* 1980) ausgenutzt wird. Der Pädagoge und Therapeut steht dabei jedoch vor dem Zwiespalt, einerseits gezielte Lernimpulse anzubieten, andererseits die Zweckfreiheit des Spiels nicht zu mißbrauchen. Im Extremfall kann es zu einer Diskrepanz, einem Dualismus von Spiel und Sprachtherapie (s. Kap. 3.1.) kommen, der nur mit individuellen, situativ variierenden Lösungswegen zu überbrücken ist.

Im folgenden sind die einzelnen Förderbereiche zur schwerpunktmäßigen Verdeutlichung getrennt dargestellt. In der Realität findet eine Überlappung statt, bei der Sensorik und Motorik aufeinander bezogen sind, Wahrnehmungsprozesse sich als Grundlage des Denkens erweisen und gleichzeitig Bereiche des Sozialverhaltens angesprochen sind. Zu jedem Einzelbereich gibt es ausführliche Abhandlungen. In diesem Kontext ist keine komplette Zusammenstellung der Materialien möglich. Es geht eher um die Verdeutlichung eines Prinzips anhand ausgewählter Einzelbeispiele, die durch weiterführende Literaturangaben ergänzt werden. Eine übergreifende Zusammenstellung von Spielen findet sich bei *Teumer/Walther* (1978/ 1980/ 1984).

4.2.1.1. Phonematische Differenzierung/auditive Wahrnehmungsförderung

Begründung und Ziel: Das akustische Perzeptions- und Differenzierungsvermögen nimmt eine zentrale Rolle beim Spracherwerb ein. Auch geringgradige Verarbeitungsschwächen können zu Formen des sensorischen Stammelns und impressiven Dysgrammatismus führen. Bei einer phonematischen Differenzierungsschwäche, Diskriminationsschwierigkeiten bei analog auftretenden Schallereignissen usw. ist es deshalb erforderlich, nach einer Weckung der Aufmerksamkeit für Schallereignisse über eine Hörerziehung eine bewußte Kontrolle eigener und fremder Sprachproduktion zu erreichen.

Vorgehen: Es empfiehlt sich, den Übungsablauf nach Schwierigkeitsstufen hierarchisch zu strukturieren. Im Rahmen einer komplexen Aufmerksamkeitsschulung ist es dazu erforderlich, nach einer unspezifischen Sensibilisierung für Geräusche über Klangunterscheidungen zur differenzierten Diskrimination von Sprachschall vorzugehen.

(1) Akustische Sensibilisierung mit Hilfe von Geräuschen

Dem Kind vertraute Alltagsgeräusche sollen nach Art der Quelle, Entfernung, Richtung, Intensität, Höhe, Tiefe, Klangfarbe usw. differenziert werden.

☐ Horchspiele   – Mäuschen, sag mal piep
                                    – Richtungshören: mit geschlossenen Augen Geräusche lokalisieren und zuordnen

☐ Nachahmungsspiele   – Imitation von Umweltgeräuschen (Donner, Wind ..), Verkehrsgeräuschen (Flugzeug, Polizeiauto ..), Tierstimmen usw.

(2) Übungen mit Tönen, Klängen und Stimmen

Es soll geübt werden, die verschiedenen Ton- und Klangqualitäten zu unterscheiden und aktiv zu erzeugen.

☐ Tondifferenzierungen   – Töne werden gesungen und nach den Merkmalen hoch-tief, laut-leise, lang-kurz unterschieden (Variation: verschiedene Instrumente)
                                    – Ordnen der Klanghölzer eines Xylophons

☐ Klangfarbeübungen   – Unterscheidung der Klangwirkung verschiedenartiger Instrumente bei gleicher Tonhöhe
                                    – Herstellen eigener Klangkörper (Kämme, Dosen, Luftballons, Flaschen ..) und Vergleich ihrer Wirkung

☐ Atem- und Stimmübungen – Spielerische Variation der Stimme: hecheln, schluchzen, kichern, flüstern, gurgeln, kreischen, krächzen, an- und abschwellen ...
                                    – Summübungen zur Verlängerung der Ausatmung (➤ Atemstütze) auf [m], [f], [s]

(3) Sprechspiele mit Lauten, Silben, Wörtern und Sätzen

Übungen zur phonematischen Diskrimination, Binnengliederung von Wörtern und Satzabläufen werden mit musikalisch-rhythmischem Erleben verbunden. Ein gezieltes Bewußtwerden kann durch den Einsatz des Language Masters und Tonbandgerätes unterstützt werden.

Beispiele finden sich u.a. in den Arbeitsblättern zur akustischen Wahrnehmung „Sehen-Hören-Sprechen, Stufe 1 und 2" (O. Maier Verlag, Ravensburg):

☐ Das längere oder kürzere Wort suchen (Stufe 1, Blatt 29, 30)

☐ Wortlängen vergleichen (Stufe 2, Blatt 25, 26)

☐ Anlaute hören (Stufe 2, Blatt 31)

☐ Reimwörter erkennen (Stufe 2, Blatt 43, 44)

Gezielte Übungen zur phonematischen Differenzierung sind möglich, indem dem Kind gleichzeitig zwei Bildkarten mit Begriffen vorgelegt werden, die sich in einer phonologischen Opposition unterscheiden. Das Kind soll zu dem jeweils vorgesprochenen Begriff das jeweils richtige Bild zeigen.

Bsp.: Tanne – Kanne
      Busch – Bus
      Rose – Hose
      Tasche – Tasse usw.

Durch die Analogie zu den Prüfaufgaben in bekannten Lautagnosietestverfahren (*Schäfer* 1973, 1975) sind Prä- und Post-Testuntersuchungen zur Vermeidung eines Zirkelschlusses nicht möglich.

Materialien und Programme

– Hören-Auditive Wahrnehmungsförderung (W. Crüwell Verlag, Dortmund)
– hören und üben, 1 und 2 (Oldenbourg Verlag, München)
– Werscherberger Übungsbilder zur Lautdifferenzierung (Druck und Verlag: Buchdruckerei Hugo Prull, Oldenburg)
– Spiele mit Geräuschen (E. Klett Verlag, Stuttgart)
– Hör – Was ist das? (O. Maier Verlag, Ravensburg)
– Wörter sprechen – Laute hören (O. Maier Verlag, Ravensburg)
– Wortspiele – Sprich genau – Hör genau (O. Maier Verlag, Ravensburg)
– Lauter Laute (Finken-Verlag, Oberursel)
– Hör – was ist das? (O. Maier Verlag, Ravensburg)
– Laute und Bilder (H. Schroedel Verlag, Hannover)
– Wörter-Duo (Finken-Verlag, Oberursel)
– Was reimt sich hier? (Finken-Verlag, Oberursel)
– Sprechlernspiele (O. Maier Verlag, Ravensburg)
– Sprachaktivierung (W. Crüwell Verlag, Dortmund)

- Sehen – Hören – Sprechen, Stufe 1 und 2 (O. Maier Verlag, Ravensburg)
- Achtung aufgepaßt (Hueber + Holzmann Verlag, München)
- Lerne hören, lerne sprechen (pro-Spiel, CH-5107 Schinznach - Dorf)

4.2.1.2. Kinästhetische Differenzierung/Sprechmotorik/ Bewegungskoordination

Begründung und Ziel: Störungen der Motorik können die Feinabstimmung der beim Sprechvorgang beteiligten Muskulatur sowie das Lage- und Bewegungsempfinden der Lippen-, Gaumen- und Zungenmuskulatur betreffen und zu einem motorisch-expressiven Stammeln führen. Dementsprechend kann es im Rahmen der Gesamttherapie erforderlich werden, die Funktionsfähigkeit der Sprechmuskulatur vorbereitend oder begleitend zur eigentlichen Sprachtherapie zu trainieren. Dies kann bis zur Notwendigkeit einer myofunktionellen Therapie (MFT) führen, bei der grundlegende Saug-, Schluck- und Funktionsübungen der Zungen-, Kiefer- und Gesichtsmuskulatur erforderlich werden (*Kittel/ Jenatschke* 1984).
Darüber hinaus wird in der Literatur (*Borstel* 1980) von Transferwirkungen berichtet, indem z.B. eine Förderung der Handmotorik durch Fingerspiele sich vorteilhaft auf die Sprechmotorik auswirke. Diese vor allem bei Gehörlosen durchgeführten Untersuchungen sind empirisch nicht eindeutig abgesichert, verweisen jedoch auf den Zusammenhang zwischen motorischer Bewegungsgeschicklichkeit und neurologischen Reifungsprozessen bei der Ausbildung funktionaler Hirnsysteme. Neben gezielten Funktionsübungen ist von daher eine ganzheitliche Bewegungserziehung bedeutsam.
Vorgehen: Im Vordergrund steht eine elementare Sinnes- und Bewegungsschulung, bei der nicht nur motorische, sondern auch kognitive und psychische Entwicklungsreize gegeben werden. Die genannten Einzelübungen sind dementsprechend schwerpunktmäßig zu akzentuieren.

(1) Grobmotorik und Bewegungskoordination

Die Übungen werden zumeist im Rahmen des Rhythmikunterrichts durchgeführt.

☐ Körperkoordination — Verbindung von Singen und Bewegung im „Hampelmannlied"
— Kriech-, Sprung- und Hüpfübungen im Raum („Hindernislauf")
☐ Gleichgewichtsübungen — Schwebebalken (vorwärts und rückwärts bei unterschiedlicher Breite)

(2) Feinmotorik

Die Übungen sollten möglichst indirekt im Spiel wirksam werden.
☐ Auge-Hand-Koordination — Schneiden mit der Schere
— Weg im Labyrinth nachfahren lassen
☐ Handmotorik — Kneten mit Ton, Plastillin usw.
— Perlen auffädeln, Steckbretter ...
— Handwerkzeuge handhaben
— Malen und Zeichnen mit unterschiedlichen Materialien
— Bauklötze, Lego, Fischer-Technik ..

(3) Sprechmotorik

Die Übungen können vor dem Spiegel in Einzelarbeit, aber auch im Rahmen der Gruppe durchgeführt werden.
☐ Atemübungen — brennende Kerze ausblasen, Wattebausch gezielt über den Tisch blasen, Spiegel behauchen, mit Strohhalm in Wasserglas blasen ..
— gezielt durch den Mund bzw. die Nase aus- und einatmen
☐ Zungenübungen — Zunge herausstrecken, nach links - rechts, oben - unten bewegen lassen, einrollen usw.
— Geräusche erzeugen: Schnalzen, Knallen, Zischen ..
☐ Lippenübungen — Strohhalm mit den Lippen halten
— Zusammenpressen, Einziehen, Breitziehen, Vorstülpen („Schnute") der Lippen

☐ Kieferübungen	– Geräusche erzeugen: Pfeifen, „Kutscher - brrr" lautieren
	– Kau- und Eßbewegungen (evt. mit Kaugummi)
	– Unterkiefer seitlich hin- und herbewegen, vorschieben und zurückziehen
☐ Gaumensegel- und Kehlkopfübungen	– Gurgeln mit/ohne Wasser
	– Lachen auf Vokalen: ha, ha, ha ..
	– Gähnübungen
	– Wangen aufblasen und beklopfel
	– Arme nach vorne stoßen und dabei „aka", „ako" .. rufen („Boxübungen" zur Gaumensegelaktivierung)

(4) Sprechzeichnen

Durch das Zusammenwirken von Sprache und Bewegung soll eine gelöste Spannung der gesamten Muskulatur erzielt werden, die durch die Atmung vertieft und rhythmisiert wird. Durch die Able kung vom Sprechakt werden Verkrampfungen gelöst, indem eine Harmonisierung des Redeflusses durch das Erlebnis des fließenden Ablaufs der Bewegung erfolgt. Das Verfahren ist häufig integrativer Bestandteil von Stotterertherapien.
Die nachstehenden Übungen sind dem Buch „Sprache und Bewegung" (*Seyd* 1972) entnommen. Dabei wird ein- bzw. beidhändig gemalt und gleichzeitig in Versen dazu gesprochen.

„Lirum, larum, Löffelstiel;
wer das nicht kann,
der kann nicht viel."

„Schaukel, schaukel hin und her,
kleiner Frosch und großer Bär."

„Mein Wagen hat vier Räder, vier
Räder hat mein Wagen.
Rolle, rolle, rummerjahn, das will
ich dir bloß sagen."

„Ix - ax - u, aus bist du."
(abgehackt gesprochen)

„Schnecke, Schnecke,
komm heraus,
komm aus deinem Schnecken-
haus."

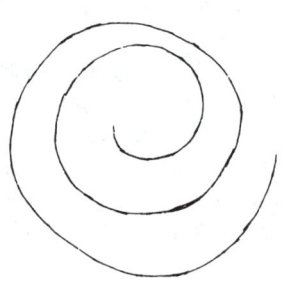

Materialien, Bücher und Programme

- Übungsprogramm zur Förderung der Bewegungskoordination (Reha-
  Verlag, Bonn)
- Bewegen – Spielen – Sprechen (Blaukreuz-Verlag, Bern)
- Bewegen – Wachsen – Lernen (W. Crüwell Verlag, Dortmund)
- Bewegungsförderung (H. Schroedel Verlag, Hannover)
- Stapelmännchen (O. Maier Verlag, Ravensburg)
- Angelspiel (O. Maier Verlag, Ravensburg)
- Dahms, A.-G./ Jäger, U.: Motorik und Sprache. Limburg 1978 (Franko-
  nius)

– van den Hoven, Mariella/ Speth, L.: Motorik ist mehr als Bewegung. Berlin 1974 (Marhold)

Weiterreichend und mehrdimensional ansetzend ist das „Sensomotorische Vorschulprogramm für behinderte Kinder" (*Horsch/Ding* 1978). Es erfolgt eine Förderung der Grob- und Feinmotorik, des Gedächtnisses, der Nachahmung und des Symbolverhaltens sowie des Hörens und rhythmischen Sprechens. Auf der Grundlage der theoretischen Konzeption von *Piaget* (1973) zur sensomotorischen Intelligenz erfolgt eine Aufteilung des Materials in drei Bereiche, zu denen jeweils 50 Übungen mit steigendem Schwierigkeitsgrad genannt werden;

(a) visuo – motorischer Bereich

(b) akusto – motorischer Bereich – rhythmisch – musikalischer Aspekt
                                        – sprechkinästhetischer – motorischer Aspekt

(c) taktil-kinästhetisch-motorischer Bereich

4.2.1.3. Rhythmisch – melodische Differenzierung

Begründung und Ziel: Die rhythmisch-musikalische Erziehung kommt mit ihrem ganzheitlichen Ansatz der Mehrdimensionalität vieler Sprachentwicklungsstörungen entgegen. Über das verbindende Medium Rhythmus kommt es zu einer einheitlichen Verschmelzung von Bewegung, Musik und Sprache, wobei motorische, sensorische, affektive, kognitive, kreative und sozial-kommunikative Dimensionen angesprochen werden. Über das Gefühl der Gemeinschaft wird eine sozialisierende Wirkung ausgeübt, indem eine Übernahme bzw. das Akzeptieren von Rollen erfolgt.

Rhythmik kann dabei als gesondertes Unterrichtsfach, vor allem aber auch als integratives Prinzip durchgeführt werden. Sie kann und sollte Sprachtherapie begleiten, ist jedoch kein Ersatz für diese.

Vorgehen: Die genannten Einzelübungen verstehen sich als Anlaß für ein ganzheitlich-gefühlsmäßiges Erleben in der Gruppe. In der Praxis überschneiden sich die einzelnen Dimensionen, so daß nur von schwerpunktmäßig herausgehobenen Wirkungsbereichen gesprochen werden sollte. Zumeist werden mit einer Übung gleichzeitig mehrere Funktionen angesprochen. Die Übungen sind nicht routinemäßig einzusetzen, sondern je nach Kreativität des einzelnen situativ zu variieren.

(1) Übungsschwerpunkte im Rahmen des Gesamtgeschehens

☐ Imitationsübungen   – Echospiel: Wiederholen vorgegebener Klatschrhythmen (Variation: Tamburin, Triangel ..)
                       – Verbindung von Gang- und Klatschrhythmus

☐ Ordnungsübungen   – Die Kinder bewegen sich nach der Musik im Raum, ohne einander anzustoßen

☐ Konzentrationsübungen – Die Kinder bewegen sich im Raum (s.o.). Auf ein Signal hin bleiben sie stehen, setzen sich hin, suchen einen Partner.
                         Bsp.: optische Signale (rotes Tuch – hinsetzen, blaues Tuch – stehenbleiben); analog bei akustischen Signalen (Trommel, Triangel ..)
                       – Ein Kind verläßt den Raum. Die anderen Kinder wechseln die Plätze (bzw. verändern Gegenstände).

☐ Soziale Übungen   – Blindenführer: Zwei Kinder stehen
  (Empathie)   sich gegenüber und berühren sich mit den Fingerspitzen. Ein Kind hat die Augen geschlossen. Es wird vom anderen geführt (Vertrauens- und Partnerübung; Führen-Folgen)
                       – Denkmalbau: Ein Kind stellt sich in Pose. Andere gruppieren sich passend dazu.
                       – Gemeinsame Darstellung eines Tieres durch mehrere Kinder (statisch, in Bewegung)

☐ Phantasieübungen (Krea- – Darstellung von Tieren: Wie geht
  tivität, Improvisation)   ein Affe, ein Elefant ..?
                       – Zu einem vorgegebenen Taktrhythmus werden verschiedene Bewegungen mit den Armen, Beinen usw. durchgeführt. Jedes Kind erfindet eine andere Bewegungsform.

☐ Begriffsdifferenzierungs-
übungen

– Die Rhythmisierung der Sprechmelodie wird als therapeutische
Hilfe eingesetzt (beim Sprachaufbau, in der Stotterertherapie).
Wörter sprechen, dabei Silben klatschen
Au–to–bahn
Variationen:
– s.o., aber dabei gehen
– s.o., dabei Handbewegungen (z.B.
Sägen)
– s.o., dabei Triangel anschlagen
– Rhythmus vorklatschen, Wörter dazu finden

(2) Beispiel zur Mehrdimensionalität einer Übung

Das nachstehende Übungsbeispiel wird von *Sommer* (1979, 131) genannt:
„Alle Kinder haben das gleiche Gerät (vielleicht Gymnastikreifen)
und bewegen sich hintereinander (in einer Schlange) durch den
Raum. Das Kind, das die Schlange anführt, bestimmt den Weg durch
den Raum auf seine Weise, ebenso die Haltung des Reifens, die auf
ein akustisches Signal hin verändert und von allen Kindern imitiert
wird. Die Kinder bewegen sich im Takt nach einer improvisierten Musik (Flöte, Gesang, Tamburin ...; Improvisation aus Gründen der Flexibilität), mit der der Übungsleiter durch Veränderung von Klang, Takt,
Grundrhythmus, Artikulation u.a. die vorher vereinbarten notwendigen Signale gibt: zum Wechsel der Reifenhaltung, zum Wechsel in
der Führung der Schlange(das erste Kind wechselt ans Ende, das
zweite übernimmt die Führung), zum Wechsel des Gehtempos oder
des Gehrhythmus, zum Wechsel in der Bewegungsart. Während der
Übung kann die Schlange fortlaufend geteilt werden. Die Teilschlan-
gen machen sich mit ihrem Anführer jeweils dann selbständig.

Mit dieser Übung wird gleichzeitig:
– die Phantasie der (führenden) Kinder angeregt,
– die Führungskompetenz gestärkt,
– das soziale Einordnungsvermögen geübt,

- das Gehör verfeinert (differenzierte Reaktion nach Musik),
- die visuelle Beobachtungsfähigkeit gefordert,
- die Konzentration vielseitig beansprucht (Gruppe, Musik, eigene Reaktion),
- Spontaneität (vor allem im Erfinden von Reifenhaltungen) geübt,
- die Selbstkontrolle in der Überprüfung der eigenen Reaktion geschärft (Sensibilisierung der Bewegungslenkung),
- Ruhe, Gleichmaß und Rhythmus eines gut koordinierten Bewegungsablaufes begünstigt.
- Rollenflexibilität gefördert (Wechsel von Führen und Einordnen),
- Erfolg und damit Selbstsicherheit und Selbstbestätigung (mit einer individuellen Beeinflussung des Geschehens) erlebt,
- nichtverbale Kommunikation gepflegt."

Materialien und Bücher

Zu der Vielzahl der möglichen Übungsformen konnten hier nur einige Hinweise gegeben werden. Weitere Anregungen finden sich u.a. bei
- Zuckrigl, H. und A./Helbling, H.: Rhythmik hilft behinderten Kindern. München/Basel 1976 (Ernst Reinhard Verlag)
- Reckling, H.J.: Rhythmisch-musikalische Erziehung in der Sprachheilschule. Berlin [2]1975 (Marhold)
- Tauscher, Hildegard: Die rhythmisch-musikalische Erziehung in der Heilpädagogik. Berlin [2]1967 (Marhold)
- Holzapfel, Barbara: Rhythmische Bewegungsspiele. Wolfenbüttel 1978 (G. Kallmeyer Verlag)
- Küntzel-Hansen, M.: Musik und Sprache als Therapie. Wolfenbüttel 1978 (G. Kallmeyer Verlag)
- Zöllner, Gerda: Musik und Bewegung im Elementarbereich – ein Beitrag zur Kommunikations- und Kreativitätsförderung. Donauwörth [5]1977 (Verlag Ludwig Auer)
- Mattmüller-Frick, F.: Rhythmik. Bern 1969 (Blaukreuz Verlag)
- Pfisterer, Trudi: Die Möglichkeit der musikalisch-rhythmischen Erziehung im Schulunterricht. Zürich o.J. (Sämann-Verlag)
- Göllnitz, G./Schulz-Wulf, Gertrud: Rhythmisch-psychomotorische Musiktherapie. Jena [2]1976 (VEB)
- Frohne, Isabelle: Das rhythmische Prinzip. Lilienthal 1981

4.2.1.4. Optische Differenzierung/Wahrnehmungsverarbeitung

Begründung und Ziel: Die visuelle Perzeption ist bereits im frühen Säuglingsalter Wegbereiter differenzierter kognitiver Verarbeitungsprozesse, die zur Strukturierung des Denkens beitragen. Wahrnehmungsförderung bezieht sich dabei nicht nur auf die Stimulation spezieller Einzelfähigkeiten, sondern beinhaltet vor allem Prozesse der Wahrnehmungsverarbeitung unter Einbeziehung der logischen Kombination, Konzentration und Speicherkapazität.

Vorgehen: Dem dargestellten Selbstverständnis entsprechend steht die Förderung der allgemeinen Lernvoraussetzungen durch visuelle Entwicklungsanreize im Vordergrund. Dementsprechend sollten die Maßnahmen nicht ausschließlich kognitiv ausgerichtet sein oder als gezieltes Intelligenztraining verstanden werden, sondern unter Berücksichtigung affektiver Komponenten bei einer Verknüpfung verschiedener Funktionsbereiche im ganzheitlichen Kontext eingesetzt werden.

(1) Förderung der visuellen Wahrnehmungsfähigkeit

Die Gliederung entspricht der Unterteilung im „Frostig Entwicklungstest der visuellen Wahrnehmung" (FEW) von *Frostig/Lockowandt* (1974) bzw. dem nachfolgenden Trainingsprogramm (*Frostig/Reinartz* 1972). Von Effektivitätskontrollen sollte aus Gründen der Tautologie abgesehen werden.

☐ Koordinationsspiele (visuo-motorische Koordination von Auge und Hand)

- Steckspiele, Ausmalübungen, Schuhbänder binden, Haken und Reißverschlüsse schließen ...
- Labyrinthübungen: den kürzesten Weg suchen; auf einem Strich mit dem Bleistift zu einem bestimmten Ziel (z.B. ein Auto, ein Haus usw.) entlangfahren

☐ Figur-Grund-Unterscheidung

- Puzzlespiele jeglicher Art und Schwierigkeit
- Sortieren nach bestimmten Ordnungsgesichtspunkten: gleiche Farben, Formen, Materialien ...

☐ Wahrnehmungskonstanz

- Suchbild: Wiedererkennen bestimmter Figuren im komplexen Bildgeschehen

	– Suchbild: Erkennen, was nicht dazu gehört
☐ Raumlageübungen	– Ortsbestimmungen: über, unter, neben, vor .. dem Tisch, Stuhl usw. (Bildvergleich, konkrete Situation); s. auch Dysgrammatikertherapie
	– Rechts-Links-Vergleich: Herausfinden des Tieres, das in einer Reihe nach links blickender Tiere nach rechts sieht
☐ Erfassen räumlicher Beziehungen	– Verbinden von Punkten in einer Matrize zu einem vorgegebenen Gegenstand
	– Lesen einfacher Orientierungsskizzen und Landkarten

'2) Anregung der allgemeinen Lernfähigkeit

Kognitive Fähigkeiten der Wahrnehmungsverarbeitung sollen spielerisch geübt werden. Es bestehen Überschneidungen zur Methodik der Wortschatzerweiterung, da zur Begriffsbildung Fähigkeiten des Wiedererkennens, Behaltens und logischen Zuordnens Voraussetzung sind.

☐ Gedächtnis/Konzentration	– Memory: Es müssen gleiche Bildpaare aus verdeckt liegenden Kärtchen herausgefunden werden.
	– Kim-Spiel: Mehrere Gegenstände werden eine Zeitlang beobachtet und dann verdeckt. Es sollen möglichst viele Gegenstände wieder genannt werden.
☐ Logisches Denken/Kombination	– Domino: Ordnen von Begriffen, die zusammenpassen (z.B. Apfel zum Apfelbaum, Regen zur Regenwolke usw.)
	– Ratespiel: Es soll mit möglichst wenig Fragen ein gedachter Gegenstand erraten werden.

☐ Mengenerfassung   – Mengen-Dominos (auch bei der Einzahl-Mehrzahl-Unterscheidung zu verwenden)
     – Würfelmosaike,   Reihenspiele, Steckbretter usw.

Materialien und Programme: Zu diesem Entwicklungsbereich bieten die Verlage ein besonders reichhaltiges Sortiment an Materialien an, die sich in ihrem Aufbau aber prinzipiell ähneln.

Zur Wahrnehmungsförderung i.e.S.:
– Visuelle Wahrnehmungsförderung (W. Crüwell Verlag, Dortmund)
– Lottino (O. Maier Verlag, Ravensburg)
– Symmetrix (O. Maier Verlag, Ravensburg)
– Bunte Ballone (O. Maier Verlag, Ravensburg)
– Quips (O. Maier Verlag, Ravensburg)
– Entengetümmel (H. Schroedel Verlag, Hannover)
– Schau genau (O. Maier Verlag, Ravensburg)
– Farben und Formen (O. Maier Verlag, Ravensburg)
– Differix (O. Maier Verlag, Ravensburg)
– Puzzle-Spiel (unterschiedliche Verlage)
– Colorama (O. Maier Verlag, Ravensburg)
– Symmetrix (O. Maier Verlag, Ravensburg)
– Konzentrationsspiele (Reha-Verlag, Bonn)
– Konzentrationstraining I, II (Reha-Verlag, Bonn)

Zur weiterreichenden Wahrnehmungsverarbeitung:
– Memory (O. Maier Verlag, Ravensburg)
– Domino (O. Maier Verlag, Ravensburg)
– Koffer packen (O. Maier Verlag, Ravensburg)
– Kombimeister (H. Vogel Verlag, Wilhelmshaven)
– Konzentrationsspiele 1, 2 (Ensslin & Laiblin Verlag, Reutlingen)
– Logikspiele (Ensslin & Laiblin Verlag, Reutlingen)

Zur mehrdimensionalen Entwicklungsförderung:

– Spielen und Fördern 1, 2 (Finken Verlag, Oberursel)
– Sehen–Hören–Sprechen 1, 2 (O. Maier Verlag, Ravensburg)
– Sehen–Erkennen–Benennen (O. Maier Verlag, Ravensburg)

4.2.1.5. Sozial-emotionales Verhalten

Begründung und Ziel: Generell ist im Rahmen eines ganzheitlichen Konzeptes die Förderung des Sozialverhaltens übergreifend anzustreben. Speziell bei sprachauffälligen Kindern gewinnt dieser Aspekt zusätzliche Bedeutung, da er zur Prophylaxe bzw. zum Abbau aktueller Kontakt- und Kommunikationsstörungen beitragen kann.
Insbesondere sollen die Kinder lernen, ihre Umwelt differenzierter wahrzunehmen und Vorurteile zu erkennen, ihre eigene Person besser einzuschätzen, sich in eigene und fremde Emotionen einzufühlen (Empathie) und damit umzugehen, Enttäuschungen zu verarbeiten (Frustrationstoleranz) und Bedürfnisbefriedigungen aufschieben zu können (Ambiguitätstoleranz). Enge Überschneidungsbereiche bestehen dabei mit der Kommunikationsförderung im Rollenspiel und spieltherapeutischen Ansätzen (s. Kap. 4.2.2.4) sowie sozialen Übungen im Rahmen der rhythmisch-musikalischen Erziehung (s. Kap. 4.2.1.3.).
Vorgehen: Sozialfördernde Maßnahmen gehen von einem interaktionalen Ansatz aus, bei dem das Verhalten des einzelnen über die Gruppe beeinflußt wird. Die Benutzung bestimmter Materialien kann dabei nur Anlaß für die konkrete Auseinandersetzung sein. Dauerhafte Veränderungen sind nur durch praktisches Handeln in der Gruppe und Selbsterfahrung zu erreichen, nicht durch Belehrungen und Appelle.
Die folgenden Übungen überschneiden sich in ihrer Wirkung. Das Einfühlungsvermögen ist letztlich immer angesprochen.

□ Partnerübungen	– Kontaktübungen: Zwei Kinder stehen gegenüber und legen die Handflächen aneinander. Sie führen und folgen wechselseitig (Variation: geschlossene Augen).
	– Spiegelpantomime: Zwei Kinder stehen gegenüber. Ein Kind macht etwas vor, das andere Kind macht es spiegelbildlich nach (Rollentausch).
□ Gruppenübungen	– Ein Luftballon wird in die Höhe gestoßen. Mehrere Kinder haben gemeinsam die Aufgabe, ihn nicht auf den Boden fallen zu lassen. Die Gruppenleistung zählt, nicht die

	des einzelnen (evt. Gruppenvergleich).
	– Gemeinsames Tragen eines Papierblattes, das durch das Aneinanderdrücken zweier Gymnastikreifen gehalten wird.
☐ Vertrauensübungen	– Die Gruppe bildet einen Kreis. Ein Kind steht mit geschlossenen Augen in der Mitte. Es läßt sich fallen und wird aufgefangen.
	– Blindenführer: s. Rhythmik, Kap. 4.2.1.3.
☐ Empathieübungen	– Soziale Wahrnehmung: Sensibilisierung für Mimik, Gestik, Körperhaltung usw. des Gesprächspartners (s. „Weinen, Wüten, Lachen")
	– Verbalisierung von Gefühlen: Wie fühlt sich einer, der geschlagen wird? (..., der etwas geschenkt bekommt?)
☐ Konfliktlösungen	– Konfliktbilder als Sprechanlaß: Mehrere Gruppen suchen Lösungsmöglichkeiten und vergleichen diese (s. „Was würdest DU tun?")
	– Gemeinsames Besprechen von aktuellen Problemen: Diskussion mehrerer Lösungswege. Fühlen sich die Betroffenen gerecht behandelt?

Materialien- und Bücherauswahl: Die genannten Materialien sind nicht als Programm zu verwenden, sondern im Rahmen einer integrativen Sozialerziehung situativ einzusetzen.
– Das Helferspiel (O. Maier Verlag, Ravensburg)
– Weinen, Wüten, Lachen (O. Maier Verlag, Ravensburg)
– Vertragen und nicht schlagen (O. Maier Verlag, Ravensburg)
– Ich mag dich – wollen wir Freunde sein? (O. Maier Verlag, Ravensburg)
– Pele und seine Freunde (Huesmann + Benz Verlag, Rielasingen)

- Was würdest DU tun? (H. Schroedel Verlag, Hannover)
- Vertragen und nicht schlagen (O. Maier Verlag, Ravensburg)
- Hielscher, H. (Hrsg.): Sozialerziehung konkret. Hannover 1977 (Schroedel)
- Vopel, K.: Interaktionsspiele für Kinder. Hamburg 1977
  Teil 1: Kontakt – Wahrnehmung – Identität
  Teil 2: Gefühle – Familie und Freunde
  Teil 3: Kommunikation – Körper – Vertrauen
  Teil 4: Schule – Feedback – Einfluß – Kooperation
- Oertel, F. et al.: Konzepte und Methoden elementarer Sozialerziehung. München 1983 (Juventa)
- Becker, Antoinette/Keppler, Ilse/Connolly-Smith, Elisabeth: du – ich – wir; Handbuch der emotionalen und sozialen Erziehung. Ravensburg o.J. (O. Maier Verlag)

4.2.2. Sprachstörungsspezifisches Verfahren

Eine *ganzheitliche Sprachtherapie* beinhaltet nicht nur die Einbeziehung sensomotorischer sprachtragender Funktionsbereiche im spielerisch-handelnden Umgang. Sie wirkt sich auch im Rahmen der sprachstörungsspezifischen Beeinflussung selbst aus, indem z.B. nicht nur an einem einzelnen Laut, Wort oder Satz geübt wird, sondern stets die Einbettung in den gesamtsprachlichen Kontext zu sehen ist.

Ein derartiges spracherwerbsorientiertes Vorgehen beinhaltet eine weitgehende Vermeidung unnatürlicher Imitationsverfahren (Vor- und Nachsprechen) und konzentriert sich dafür auf eine Intensivierung der natürlichen Sprechsituation durch eine Kombination unterschiedlich stark vorstrukturierter Kommunikationsabläufe, in denen der Therapeut korrigierende Rückmeldungen gibt. Im günstigsten Fall sollte dabei möglichst *ursachen- statt symptomspezifisch* vorgegangen werden. Dabei sollte die Sprachtherapie nicht durch das Üben einer Vielzahl sprachlicher Teilleistungen zersplittert werden. Dies bedeutet nicht, daß nicht bestimmte Lerninhalte zentriert in den Vordergrund gestellt werden dürfen. Es verweist jedoch darauf, daß dies immer über problemlösende Geschehnisse und die Einbettung in kommunikatives Handeln unter *Betonung des Sprachgebrauchs* zu erfolgen hat.

Desweiteren soll hervorgehoben werden, daß nicht nur der *Sprachausdruck* , sondern vorab auch das *Sprachverständnis* auf der jeweiligen Sprachebene zu überprüfen und zu fördern ist (En- und Dekodierung).

Das Sprachverständnis als Voraussetzung für expressive Fähigkeiten wurde bisher zu häufig als gegeben angenommen. Nicht selten sind geringgradige, zumeist unentdeckte Beeinträchtigungen für mangelnde Therapieerfolge verantwortlich.
Diese allgemeinen Ausführungen sollen im weiteren präzisiert werden. Für die einzelnen Sprachebenen erfolgt dabei jeweils
– eine Erörterung spezifischer Fragestellungen und Prinzipien,
– die Darstellung didaktisch-methodischer Konzeptionen und Teilschritte,
– die Vorstellung spezieller Medien und Hilfsmittel,
– eine Angabe ausgewählter Spiele und Materialien.

4.2.2.1. Phonetisch-phonologische Ebene (Stammlertherapie)

Vorbemerkungen/Prinzipien: Ein historischer Rückblick zeigt, daß das sprachtherapeutische Vorgehen sich lange Zeit – unzulässigerweise – auf die Artikulationstherapie zentrierte oder sogar beschränkte. Dabei wurde in Anlehnung an die Methoden der Gehörlosenpädagogik und medizinischen Sprachheilkunde vorwiegend am Einzellaut gearbeitet. Eine zunehmende Problematisierung der Einzellautmethode führte teilweise bis zu ihrer totalen Ablehnung. So sollte nach *Wyatt* (1973, 28) das Kind „niemals dazu gezwungen (werden), einzelne Laute zu üben oder schwierige Laute immer erneut zu üben." Dahinter steht die Auffassung, daß wohl kaum eine Mutter ihrem Kind einzelne Laute immer wieder vorspricht.
Bedeutet dies, daß der Therapeut bei einem spracherwerbsorientierten Selbstverständnis keine Übungen zum Einzellaut vornehmen darf? An dieser Stelle wird die Meinung vertreten, daß der Therapeut Verfahren zur Lautkorrektur genauestens kennen sollte, um diese spontan in einen spielerischen Kontext integrieren zu können. Abzulehnen wäre bei dem hier zugrundegelegten Selbstverständnis jedoch ein isoliertes Funktionstraining, das vom natürlichen Alltagskontext des Kindes total abgehoben ist.
Weiterhin sollte sich das Vorgehen nicht nur auf den Artikulationsvorgang im engeren Sinne erstrecken. Vielmehr bezieht sich die übergreifende *Zielsetzung* der Stammlerbehandlung auf die Vermittlung auditiver, visueller und kinästhetisch-taktiler Informationen als Grundlage zur korrekten Lautidentifikation und -realisation. In der Praxis wird zumeist eine Kombination mehrerer Methoden vorgenommen, die im Hinblick

auf den erwarteten Bedingungshintergrund der Störung und das Ansprechen des Kindes auf die Therapiemaßnahmen schwerpunktmäßig zu variieren sind. Dabei empfiehlt sich eine Zerlegung in hierarchisch aufeinander aufbauende Teilschritte. Die Beherrschung des Einzellautes ist nicht gleichzusetzen mit der Fähigkeit zur Koartikulation oder dem spontanen Gebrauch in der alltagssprachlichen Situation. Von daher erweisen sich im allgemeinen folgende *Phasen der Artikulationstherapie* als erfoderlich:

– Anbildungsphase (evt. Vorübungen)
– Festigung in sinnlosen Silben
– Stabilisierung in Wörtern (Anlaut-, Mittel- und Endposition)
– Automatisierung in Sätzen
– Anwendung in freier Rede

Dabei sind sprachwissenschaftliche, entwicklungspsychologische und motivationale Gesichtspunkte zu beachten. So sollte z.B. nicht zu schnell im Wortzusammenhang geübt werden, um einen Rückfall zu vermeiden. Bei der Auswahl der Wörter ist wiederum zu beachten, daß diese nicht nur kindgemäß und sprechanregend sind, sondern vom Schwierigkeitsgrad der ansonsten enthaltenen Lautverbindungen (➡Allgemeine Lautgesetze von *Jakobson* 1972) vom Kind beherrscht werden können. Beim Üben in Sätzen ist wiederum zu beachten, daß diese von ihrer Struktur und Länge die Hörgedächtnisspanne des Kindes nicht überschreiten (dazu: Kap. 4.2.2.3.). Die Sicherstellung der spontansprachlichen Anwendung macht es erforderlich, über die Einzeltherapie hinaus den Sprachgebrauch in der Gruppe zu gewährleisten.

Didaktisch-methodisches Vorgehen

Generelle Ansätze im Rahmen der Artikulationstherapie beziehen sich zum einen auf eine Verbesserung der phonematischen Differenzierungsfähigkeit durch gezielte Hörerziehungsmaßnahmen, zum anderen auf die motorische Übungsbehandlung auf phonetischer Grundlage. Häufig erfolgt eine Verbindung beider Verfahren, wobei Schwerpunkte beim ursachenspezifischen Vorgehen je nach dem vermuteten Bedingungshintergrund gesetzt werden. Eine eindeutige Zuordnung zur motorisch-expressiven oder sensorisch-impressiven Dyslalie wird jedoch nicht immer möglich sein.
In neuerer Zeit setzt sich dabei zunehmend die Meinung durch, daß Hör-

erziehungsmaßnahmen integrativer Bestandteil nahezu jeder Artikulationstherapie sein sollten. Es wird angenommen, daß häufiger als bisher vermutet leichte Funktionsbeeinträchtigungen der auditiven Diskrimination bei Stammelfehlern zumindest mitbedingend sind. Analog weisen *Becker* et al. (1983, 245) darauf hin, „daß die erfolgreiche rehabilitative Spracherziehung immer die Entwicklung der auditiven Differenzierungsfähigkeit der Sprachlaute einschließt."

(1) Hörerziehung/phonematische Differenzierung

Maßnahmen zur Hörerziehung zielen darauf ab, die Aufmerksamkeit der Kinder auf akustische Reize zu lenken, um das *Sprachverständnis* (hier: Lautverständnis) zu erhöhen, indem die Ungleichheit, Ähnlichkeit oder Gleichheit der phonematischen Struktur erkannt wird. Von besonderer Bedeutung ist dies, wenn eine phonematische Differenzierungsschwäche als Ursache eines *sensorischen Stammelns* vorliegt.
Dabei wird zunächst über eine allgemeine auditive Wahrnehmungsförderung vorgegangen, bei der eine Sensibilisierung mit Hilfe von Geräuschen, Tönen, Klängen usw. erfolgt (s. Kap. 4.2.1.1.). Im allgemeinen reichen diese Maßnahmen jedoch nicht aus, und es müssen gezielte Übungen zur Hörerziehung angeschlossen werden. Dazu haben *van Riper/Irwin* (1976) ein systematisches Therapiekonzept vorgelegt, das sich an den Bedingungen des normalen Spracherwerbs orientiert. Danach steht in frühen Phasen der Lautsprachentwicklung die akustische Rückkoppelung im Vordergrund. Erst später gewinnt die kinästhetisch-taktile Rückkoppelung an Bedeutung. Dementsprechend gehen die Autoren davon aus, daß ein Nachholen basaler Lernprozesse vorwiegend durch eine auditive Stimulation zu erfolgen habe, der je nach Bedarf Phasen motorischer Übungstherapien beigeordnet werden.
Der Spracherwerb wird dabei auf lerntheoretischer Basis im Sinne einer akustischen „Feedback-Theorie" erklärt. Gesteuert wird er durch ein automatisches Kontrollsystem, dessen drei Grundfunktionen als Abtast-, Vergleichs- und Korrekturvorgang dargestellt werden. Analog baut sich das Therapiekonzept bei der Artikulationsförderung auf.

(1.1.) Abtast- und Vergleichsvorgang

Am Anfang steht die Sensibilisierung des Eigen- und Fremdhörens. Häufig ist das Kind nicht in der Lage, seine eigenen Lautproduktionen als richtig bzw. falsch einzuschätzen, obwohl es Fehlbildungen bei fremden Sprechern durchaus erkennt. In diesem Fall müssen neben einer allgemeinen auditiven Wahrnehmungsförderung bestimmte Maßnahmen ergriffen werden, um das Kind auf den Sprechakt hinzuweisen. Dies kann z.B. in der Art erfolgen,

- daß die kindlichen Äußerungen auf dem Tonbandgerät oder Language Master aufgenommen, abgespielt und mit einem vorgegebenen Standardlaut verglichen werden („verzögertes Feedback"),
- daß das Kind einen Zitter-, Nasal- oder Reibelaut (z.B. [s]) anhaltend in ein Mikrophon spricht, sich selbst über Kopfhörer auf einem Ohr hört, und der Therapeut den richtigen Ziellaut gleichzeitig über ein zweites Mikrophon in das andere Ohr spricht („simultanes Feedback"),
- daß das Kind beim Abhören eines bekannten Lesetextes im voraus bestimmte Wörter mit dem betreffenden Ziellaut durch Veränderung der Lautstärke kenntlich macht („antizipatorisches Feedback").

Eine derartige, zielgerichtet gelenkte Aufmerksamkeit setzt voraus, daß das Kind konzentriert und motiviert mitarbeitet. Ebenso ist ein Mindestmaß an kognitivem Strukturierungsvermögen Voraussetzung, um aus dem Vergleich Änderungen des eigenen Sprachverhaltens ableiten zu können.

Trotz dieser situativen und prinzipiellen Grenzen erscheint eine Verbesserung des Eigen- und Fremdhörens nach *van Riper/Irwin* (1976) unabdingbar, um dauerhafte Veränderungen im darauf aufbauenden Korrekturvorgang erreichen zu können.

(1.2.) Korrekturvorgang

Zunächst soll der betreffende Ziellaut durch *Variation* annähernd gefunden werden, indem verschiedene Zungenlagen, Kieferwinkel, Mundstellungen usw. ausprobiert werden und auf das kinästhetisch-taktile Feedback bei zufällig richtiger Lautbildung hingewiesen wird. Der Einsatz von Ableitungsmethoden kann dabei durchaus sinnvoll sein.

Es folgt die Phase des *Einkreisens*, bei der das Kind sich auf bestimmte Artikulationsstellungen festlegt und dabei das jeweilige auditive und kinästhetisch-taktile Feedback vergleicht. Ist der betreffende Ziellaut erst einmal gefunden, gilt es, bei richtiger Bildungsweise bewußt zu verstärken (*Fixieren*) und schließlich den Laut mit zunehmendem Schwierigkeitsgrad in Silben, Wörtern und Sätzen zu üben (*Stabilisieren*).

Der hier abrißartige wiedergegebene Ansatz von *van Riper/Irwin* (1976) versteht sich als systematisch geplante Intervention. Von der Konzeption her ist die epochale Einbettung in den lerntheoretischen Rahmen zu beachten (Erscheinungsdatum des amerikanischen Originals: 1958). Aus heutiger Sicht wäre sicher der spielerisch-handelnde und kreative Umgang bei den Übungen zu betonen.

Die hier als wesentlich herausgestellten Maßnahmen zur Hörerziehung dürfen nicht darüber hinwegtäuschen, daß in der Praxis bei einigen Kindern ein akustisches Feedback allein nicht ausreicht, da ihnen der Fehler zwar bewußt ist, aber nicht durch Eigen- und Fremdkontrollen behoben werden kann. In diesen Fällen muß auf Formen der motorisch-expressiv ausgerichteten Übungstherapie vermehrt eingegangen werden.

(2) Übungstherapeutische Verfahren zur Sprechfehlerkorrektur

Die motorische Übungstherapie dient dazu, falsche Artikulationsbewegungsmuster abzubauen und neue feinmotorische Bewegungsabläufe einzuschleifen. Dies erfolgt dann, wenn die Ursache des Stammelns im motorisch-expressiven Bereich angenommen wird. Weiterhin können die genannten Verfahren integrativer Bestandteil im Rahmen einer komplexen Therapie nach *van Riper/Irwin* (1976) sein. Dabei erweisen sich phonetische Grundlagen als notwendige Voraussetzung, quasi als „Handwerk". Sie bilden jedoch nicht die alleinige Basis und sollten im pädagogischen Kontext im Hinblick auf die Bedürfnis- und Motivationslage des Kindes eingesetzt werden.

Die gebräuchlichen Verfahren sind dabei letztlich aus der Hörgeschädigtenpädagogik übernommen. Als methodische Hilfen werden dabei das *Absehen* vom Mund, *Abfühlen* bestimmter Vibrationsempfindungen beim Sprechvorgang, *optische Zeichensysteme* als Assoziationshilfe und *technische Medien* (z.B. Language Master, s-Indikator) zur Verdeutlichung und Kontrolle eingesetzt. Vorwiegend in Einzelarbeit vor dem Spiegel werden charakteristische Stellungen und Bewegungen beim Artikulationsvorgang vom Therapeuten erläutert und vom Kind nachgeahmt. Häufig wird dabei auf sogenannte *Ableitungsmethoden* zurückgegriffen, bei denen der zu lernende Laut aus einem bekannten, ähnlich zu bildenden Hilfslaut entwickelt wird. Ziel- und Hilfslaut sollten dabei in einer der phonetischen Kategorien „Artikulationsstelle", „Artikulationsmodus" und „artikulierendes Organ" übereinstimmen. Beispiele sind die f-s-Methode, i-s-Methode, ch^1-s-Methode, t-k-Methode usw. Beim Einsatz dieser Verfahren ist zu beachten, daß das Absehbild nicht immer eindeutig ist und die Ableitungsmethoden zwar sehr bekannt sind, aber in der Praxis nicht bei jedem Kind unmittelbar zum Erfolg führen. Von daher empfiehlt sich eine Methodenkomplexion, möglichst in Verbindung mit Verfahren der Hörerziehung, um auditive und kinästhetisch-taktile Empfindungen miteinander zu koppeln.

Im folgenden werden die häufigsten Fehlbildungen sowie Ansätze zur Lautkorrektur exemplarisch genannt:

☐ *Sigmatismus*
– *exakte Bildung des* [s]
Alveolar – dentaler Reibelaut, stimmhaft oder stimmlos. Die Lippen sind breitgezogen und leicht geöffnet; das Gaumensegel ist gehoben. Die Zunge bildet eine mediale Rille, durch die die Luft gebündelt wird und die Strömungsgeschwindigkeit steigt. Die Zungenspitze ist bei der häufigeren dorsalen s-Bildung (dorsum = Rücken) zu den unteren Schneidezähnen oder Alveolen hin gesenkt, die Rinne wird im Zungenrücken gebildet. Bei der apikalen s-Bildung (apex = Spitze) wird die Zungenspitze frei schwebend in Richtung der oberen Alveolen gelenkt und bildet selbst die Führungsrinne.
Dem konzentrierten Luftstrom stellen sich die Schneidezähne als scharfkantiger Widerstand entgegen. Es entsteht ein hochfrequentes Reibegeräusch mit Intensitätsmaxima im Bereich um 4000 bis 7000 Hz. Schon kleine Abweichungen werden als auffällig erlebt.
– *Fehlermöglichkeiten*
Es handelt sich um die häufigste Fehlbildung bei der Artikulation überhaupt. Gleichzeitig handelt es sich um einen Laut, der auch im Rahmen der normalen Sprachentwicklung von den Kindern mit am spätesten erworben wird. Die Gründe liegen mit in der geringen Variationsbreite der Bildungsweise, die eine exakte feinmotorische Koordination erforderlich macht.
Die häufigsten Fehlbildungen sind der
● *Sigmatismus interdentalis*: Die Zungenspitze liegt zwischen den Zähnen. Es kommt zu einer Frequenzabsenkung, da die Luft nicht mehr gebündelt austreten kann. – Die sehr häufige Störungsform ist von normalen sprecherischen Ungeschicklichkeiten bei Zwei- bis Dreijährigen abzugrenzen.

● *Sigmatismus lateralis*: Die Zunge nimmt eine abnorme, der I-Bildung ähnliche Stellung ein. Dadurch strömt die Expirationsluft nicht mehr nach vorne, sondern einseitig links (Sigmatismus lateralis sinister), rechts (Sigmatismus lateralis dexter) oder beidseitig (Sigmatismus bilateralis) aus. Die betroffene Seite kann differentialdiagnostisch durch Klopfen an den Wangen festgestellt werden, indem die ausströmende Luft unterbrochen wird. Häufig ist an dieser Seite der Mundwinkel etwas zurückgezogen.

● *Sigmatismus addentalis*: Die Zunge wird an die oberen Schneidezähne gepreßt. Die Expirationsluft tritt fächerförmig aus, so daß es zu einer Frequenzabsenkung kommt.

Auf die Benennung weiterer Fehlbildungen soll an dieser Stelle verzichtet werden, da diese in der Praxis selten auftreten. Ihre Benennung erfolgt prinzipiell nach der Art der fehlerhaften Artikulationsstelle. Weitere Angaben finden sich u.a. bei *Kramer* (1967).

Die Ursachen des Sigmatismus können u.a. in einer gestörten Feinmotorik, phonematischen Differenzierungsschwäche, Hochtonschwerhörigkeiten (audiogene Dyslalie), Zahnstellungsanomalien und organischen Beeinträchtigungen des Funktionsapparates liegen. Die Therapie sollte im Hinblick auf die vermutete Ursache ausgerichtet sein.

– *Anbildung*

Häufig ist zunächst das Üben von Teilfunktionen erforderlich, indem z.B. die Rillenbildung der Zunge indirekt dadurch erreicht wird, daß durch einen Strohhalm in ein Wasserglas geblasen wird (Variation: Wattebausch blasen usw.) oder ein Breitziehen der Lippen erfolgt („Lachmund"). An Ableitungsmethoden sind gebräuchlich: i-s-Methode, ch_1-s-Methode („Hecheln"), t-s-Methode (Klonisieren des [t] ; ch_1; nicht bei addentaler Fehlbildung) f-s-Methode (Unterlippe von den Zähnen wegziehen).

Begleitend können unterstützende Handbewegungen (s. Phonembestimmtes Manualsystem), Hauchübungen (h ➤ s) und immer wieder der Hörübungen durchgeführt werden.

☐ *Schetismus*

–*exakte Bildung des* [sch]

Präpalataler Reibelaut, stimmlos und stimmhaft. Die Lippen sind rüsselförmig vorgestülpt („Schnute"), das Gaumensegel ist gehoben. Die Zunge liegt etwas flacher als beim [s] . Es kommt jedoch ebenfalls zu einer medialen Rille, die aber nicht ganz so eng ist, so daß die Strömungsgeschwindigkeit und damit auch die Frequenz nicht ganz so hoch ist.

– *Fehlermöglichkeiten*
Wie beim [s] handelt es sich um einen häufig gestörten Laut aus dem „Oberbau" der kindlichen Sprachentwicklung (*Jakobson* 1972). Häufige Ersatzlaute sind interdentale s-Bildungen, Paraschetismen wie z.B. „Dule" statt „Schule" oder „Lokolade" statt „Schokolade".

– *Anbildung*
Vorübungen beziehen sich auf die Lippenstellung, indem ein „Rüsselmund" gebildet wird (ähnlich wie beim [u]) und dann das Zischen einer Lokomotive nachgeahmt wird (schschsch ..). Zuweilen sind Lippenübungen bei schnellem Wechsel (u-i, u-i ..) erforderlich. Gebräuchliche Ableitungen sind die ch_1-sch-Methode und – seltener – die s-sch-Methode.

☐ *Rhotazismus*
– *exakte Bildung des* [r] bzw. [R]
Zungenspitzen [r] : Zungenspitze vibriert, alveolar, Gaumensegel gehoben
uvulares [R] : Expirationsluft läßt Zäpfchen vibrieren, Zunge liegt flach, Gaumensegel gehoben
Die Häufigkeit der beiden korrekten Bildungsweisen ist regional unterschiedlich. Insgesamt überwiegt die uvulare Bildung bei weitem, so daß sie auch bei der Anbildung bevorzugt werden sollte, obwohl sie stimmhygienisch schlechter ist (kann eher zu Stimmstörungen führen).
– *Fehlermöglichkeiten*
Häufige Ersatzlaute sind das [l] , [h] oder [ch_2] . Nicht selten wird der Laut auch vollständig weggelassen.
– *Anbildung*
Zungenspitzen [r] : Das Kind schlägt mit den Händen leicht auf die Lippen („Lippenbrummer"). Es entsteht ein „brrr" wie beim Kutscher.
uvulares [R] : Gurgeln mit und ohne Wasser; Ableitung nach der ch_2-R-Methode

☐ *Kappazismus/Gammazismus*
– *exakte Bildung*
Palataler Verschlußlaut; dabei geringe Variation je nach Koartikula-

tion, indem der nachfolgende Vokal die Verschlußstelle nach vorne (z.B. beim ki) oder nach hinten (z.B. beim ku) verlagert; Gaumensegel gehoben; stimmhaft als [g] , stimmlos als [k] .

– *Fehlermöglichkeiten*
Zumeist erfolgt eine Ersetzen entsprechend der allgemeinen Lautgesetze von *Jakobson* (1972) durch „früher" oder weiter vorne im Mundbereich gebildete Laute, z.B. [k] durch [t] , [g] durch [d] . Zuweilen kommt es auch zu einer Verwechslung der Stimmhaftigkeit bzw. Stimmlosigkeit (regional unterschiedlich) und einem totalen Auslassen.

– *Anbildung*
Gebräuchlich sind Ableitungen wie die ch_2-k-Methode (Fauchen einer Katze), t-k-Methode (Tast-Fühl-Struktur) bzw. d-g-Methode. Erfolgreich sind auch Verbindungen mit grobmotorischen Bewegungen, indem z.B. heftige Armbewegungen („Boxen") bei offenem Mund und gleichzeitigem Sprechablauf erfolgen (a-ka, a-ko, a-ki ..). Umstritten sind dagegen passive Methoden, bei denen man ein [t] sprechen läßt und die Zunge mit dem Spatel leicht nach hinten drückt, um spontan ein [k] zu erzielen. Manche Kinder reagieren mit Abwehr oder einem Brechreiz. Zuweilen empfiehlt es sich, die Übungen auf dem Rücken liegend durchzuführen, da sich dann die Zunge automatisch nach hinten verlagert.
Weitere Anbildungsmöglichkeiten sollen nur kurz genannt werden, da die Fehlrealisation der betreffenden Laute in der Praxis nur selten auftritt. So werden die in der kindlichen Sprachentwicklung am ehesten auftretenden *Vokale* fast immer beherrscht. Dementsprechend schwerwiegend ist ein Vokalstammeln, das vor allem in Verbindung mit Hörschäden oder als Ausdruck schwerster sprachlich-kognitiver Schäden auftritt.
Die Anbildung der Vokale erfolgt vor allem über eine Differenzierung des Höreindrucks durch Lautvergleiche (z.B. u-ü-i), in schweren Fällen zusätzlich über das Absehen vom Mund unter Verwendung des Artikulationsspiegels. Eine einfache Systematisierung ist dabei über das Vokaldreieck (bzw. Vokalviereck) möglich, bei dem eine Charakterisierung der einzelnen Vokale über die Variablen
– Zungenrückenverlagerung
– Lippenrundung/Lippenspreizung
– Kiefernwinkel
erfolgt (dazu: *Martens* 1972, *Wängler* 1974).

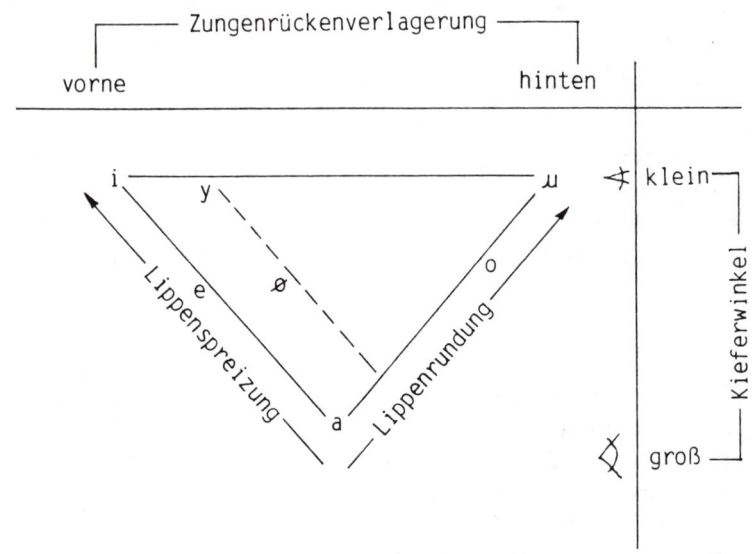

Abb. 8: Vokaldreieck

Ausgehend vom [a], das bei flach liegender Zunge und großem Kiefernwinkel (Mund geöffnet) gebildet wird, erfolgt ein gradueller Übergang
über das [o] zum [u], indem die Zunge nach hinten/ oben verlagert, der
Kiefernwinkel verkleinert und die Lippen zunehmend gerundet werden.
Dementsprechend erfolgt ein Übergang über das [e] zum [i], indem bei
zunehmender Lippenspreizung der Kiefernwinkel verkleinert und die
Zunge nach vorn/ oben verlagert wird. [y] und [ø] sind gerundete Vorder-
zungenvokale, deren Ablesebild dem [u] bzw. [o] ähnelt und durch leichte Zungenverlagerung nach vorne erfolgt bzw. kinästhetisch verdeut-
licht werden kann (vom [u] zum [y]: Mundstellung beibehalten, Zunge
nach vorne verlagern). – Begleitend zu diesen systematischen Thera-
pieansätzen sind vor allem bei kleinen Kindern ganzheitlich-emotinoale
Verdeutlichungen möglich (i ➤ Ausruf des Ekels, a ➤ vermittelt Freude, o
➤ drückt Erstaunen aus ...).
Die Anbildung der bisher nicht genannten Konsonanten erfolgt bei einer
Systematisierung von Erfahrungswerten ebenfalls auf phonetischer
Grundlage. Generell steht dabei die Verbindung des Höreindrucks mit
der kinästhetischen Rückkoppelung im Vordergrund.

	Bildungsweise	Übungs- und Ableitungsmethoden
[b]	bilabialer Verschlußlaut, stimmhaft	Absehen vom Mund, m-b-Methode (Nase zuhalten)
[p]	bilabialer Verschlußlaut, stimmlos	Absehen vom Mund, Abgrenzung zum [b]durch Verdeutlichung des stärkeren Luftstroms (Kerze ausblasen, Wattebausch blasen..)
[m]	bilabialer Nasal	Absehen vom Mund, Abfühlen der Nasalität
[f]	labiodentaler Reibelaut, stimmlos	Absehen vom Mund, Blasübungen in Verbindung mit Handbewegungen (Rollen eines Balles..); evt. leichter Druck mit dem Zeigefinger auf die Mitte der Unterlippe gegen die unteren Schneidezähne
[v]	labiodentaler Reibelaut, stimmhaft	wie beim [f], Verdeutlichung der Stimmhaftigkeit durch Abfühlen der Vibration am Kehlkopf; ebenso: Vibration der Unterlippe (www ..)
[t]	alveolar-dentaler Verschlußlaut, stimmlos	Absehen vom Munde, Abgrenzung zum [d]durch Verdeutlichung des stärkeren Luftstroms
[d]	alveolar-dentaler Verschlußlaut, stimmhaft	Absehen vom Munde, evt. n-d-Ableitung (Nase zuhalten) mit begleitender Handbewegung (Fingerzeig nach vorne)
[n]	alveolar-dentaler Nasal	Absehen vom Munde, Abfühlen der Nasalität
[l]	alveolar-dentaler Lateralengelaut	Absehen vom Munde, Zungenübungen
[ç]	palataler Reibelaut, stimmlos	i-ch₁-Methode; dabei [i]lange tönen lassen und in Silben

Bildungsweise	Übungs- und Ableitungsmethoden
[x] velarer Reibelaut, stimmlos	sprechen (ihi ➤ ichi); evt. Verbindung mit Zischen einer Schlange, Fauchen der Katze usw. zur Verdeutlichung k-ch$_2$-Methode (Verschluß sprengen mit anschließender Behauchung; Schnarchen; Gähnübungen)

Zusätzlich sollte bedacht werden, daß nur selten die Bildung eines Einzellautes an sicht gestört ist, sondern die Realisierung von Lautverbindungen (➤Koartikulation) im Wort. So ist es möglich, daß ein Kind zwar „Baum", aber nicht „Blume" (Ersatzwort: „Bume") sprechen kann.

Das *Erlernen von Lautverbindungen* erfolgt über eine Zerlegung in Teilschritte, indem vom Einzellaut zur Silbe und schließlich zum Wort fortgeschritten wird. Als methodische Hilfsmittel haben sich dabei bewährt:

- Zerlegung des Wortes und Einfügen von Hilfslauten; Bsp.: Das Kind beherrscht sämtliche Einzellaute, spricht aber „bau" statt „blau". Er erfolgt eine Zerlegung in „be-lau". Die beiden Silben werden zunächst getrennt, dann immer schneller nacheinander gesprochen, bis das unbetonte [e] verschwindet und *ein* Wort entsteht. Begleitend können Handbewegungen eingesetzt werden (Bei kleinen Kindern: Eine Fingerpuppe sagt „be", die andere „lau").

- Rhythmisierung bei gleichzeitigem Armschwingen; z.B. Ta-schentuch
- Einfügen eines Hauchlautes; Bsp.: Das Kind sagt „Taschde" statt „Tasche". Es erfolgt eine Zerlegung in „Tasch-he" und ein Zusammenfügen durch schnelleres Sprechen (s.o.).
- Dehnung des Anfangvokals bei verlangsamter Artikulation; z.B. Aaa .. ffe
- Verdeutlichung mit einer Rutschbahn (Verbindung eines Reibelautes oder Nasals mit Vokalen oder Konsonanten; z.B. f. → a)

Bsp.: [f] rutscht auf der Rutschbahn heraub und nimmt das [a] mit; fff...aa

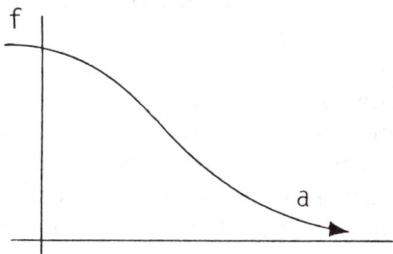

Als günstig erweist es sich, wenn während des Rutschens Armbewegungen durchgeführt werden.

Die hier genannten Möglichkeiten der Lautgewinnung und -verbindung sind letztlich nur als Anregung gedacht. Ihr Einsatz ist situativ zu variieren, wobei die Kreativität des Therapeuten immer wieder angesprochen ist. Die Darstellung einer Vielzahl von Einzelübungen findet sich u.a. bei *Weinert* (1977), *Flehinghaus* (1978), *Jaworek/Zaborsky* (1971), *Führing* et al. (1978) sowie am ausführlichsten und phonetisch fundiert bei *Wängler/Bauman-Wängler* (1983).

Nochmals soll darauf hingewiesen werden, daß alle genannten Übungen im spielerisch-handelnden Umgang, möglichst in Verbindung mit Hörübungen durchzuführen sind.

Medien und Hilfsmittel

Generell ist zu beachten, daß der Einsatz von Medien und bestimmten Hilfsmitteln sorgfältig didaktisch-methodisch geplant werden sollte. Er ist Mittel zum Zweck und kein Selbstzweck. Bei sparsamer und gezielter Verwendung in Abstimmung auf die situativen Anforderungen und das jeweilige Kind dient er zur Unterstützung des Therapeuten bei der Verdeutlichung, Kontrolle und Motivationshilfe.

□ *Optische Zeichensysteme*
   Die im Rahmen der Hörgeschädigtenpädagogik entwickelten Handzeichensysteme dienen dazu, durch die Assoziation optischer, akustischer und möglicherweise kinästhetisch-taktiler Eindrücke Erinne-

rungshilfen beim Spracherwerb zu geben. Gebräuchlich sind gra-
phem-, phonem- und phonetisch-bestimmte Systeme.

An dieser Stelle soll das „Phonembestimmte Manualsystem" (PMS)
von Schulte (1974, 1980) genannt werden. Es dient dazu, Informationen über den Artikulationsvorgang zu liefern. Die einzelnen Handzei-
chen geben Auskünfte über den Bildungsort und die Bildungsart der
verschiedenen Laute. Ihr Sinn liegt in einer Sprechgliederungshilfe,
nicht in einer vollständigen Wiedergabe der Schriftsprache.

In der Praxis der Stammlertherapie des hörenden Kindes empfiehlt es
sich, einzelne Zeichen in der Anbildungsphase gezielt einzusetzen
und später nur noch punktuell im Sinne einer Erinnerungsstütze darauf zurückzugreifen.

☐ Technische Medien

Die genannten Medien und Apparate sollten nicht als objektive Kontroll-
instanzen mißverstanden werden. Sie haben vorwiegend eine assistie-
rende Funktion. Im Vordergrund steht die mitmenschliche Begegnung.
Ihr Einsatz ist nach didaktisch-methodischen, ökonomischen und teil-
weise auch finanziellen Aspekten abzuwägen. Vertretbar und bewährt
sind bei der Artikulationstherapie u.a.
- Artikulationsspiegel
- Tonbandgeräte (möglichst als Sprachstudienrecorder mit Parallel-
  spurtechnik)
- Language Master (audiovisueller Sprachtrainer mit Tonkarten)
- Phonic Master (Endlos-Kassettengerät mit Parallelspurtechnik)
- Phonic Ear (Binauraler Sprachtrainer; das Kind kann seine eigenen
- Äußerungen im Kopfhörer auf dem einen Ohr, die Lautbildung des
  Therapeuten auf dem anderen Ohr hören, so daß ein „simultanes
  Feedback" ermöglicht wird)
- s-Indikator, Sigmatrainer

Spiele und Materialien

Für die Ausbildung soll das „Sprech-Lehr-Programm Stammlertherapie"
besonders hervorgehoben werden, das unter der Leitung von Schulte an
der „Forschungsstelle der Pädagogischen Hochschule Heidelberg für
Angewandte Sprachwissenschaft zur Rehabilitation Behinderter" (FST)

links oben = Graphem, rechts unten = Phonem

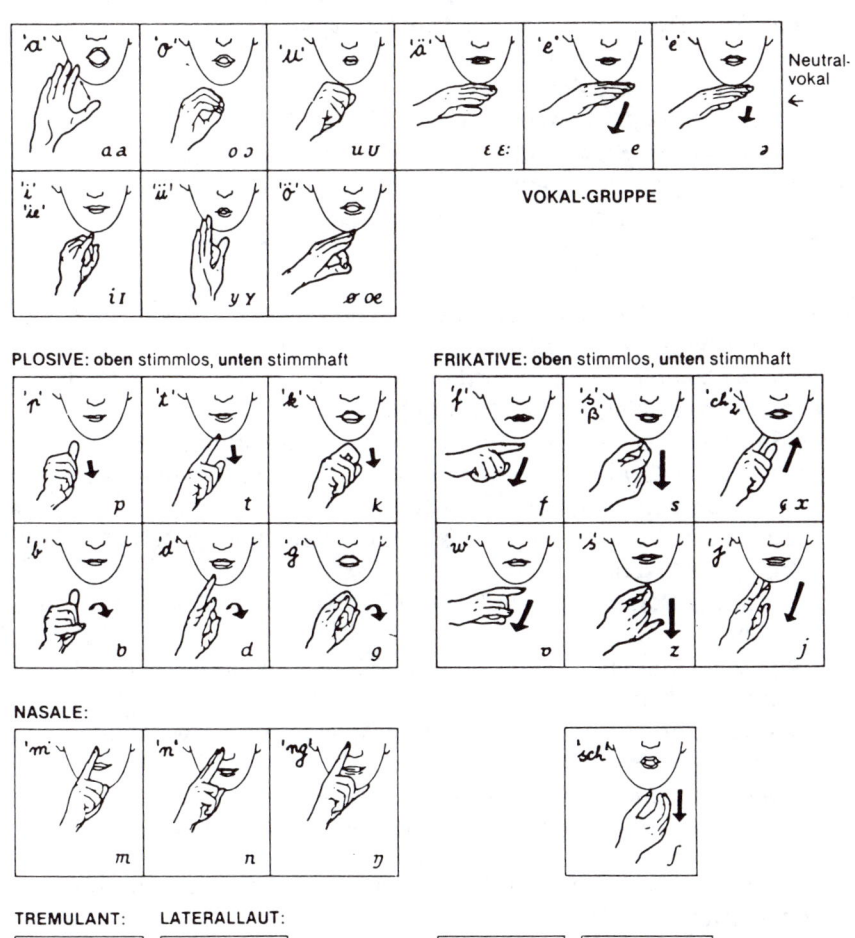

VOKAL-GRUPPE

PLOSIVE: oben stimmlos, **unten** stimmhaft

FRIKATIVE: oben stimmlos, **unten** stimmhaft

NASALE:

TREMULANT: LATERALLAUT:

fester
Stimmeinsatz
z. B.: »und«

gehauchter
Stimmeinsatz
z. B.: »Hund«

Abb. 9: Das Phonembestimmte Manualsystem (PMS)

entwickelt wurde. Anschaulich, präzise und phonetisch fundiert erfolgt eine Video-Dokumentation zur Therapie des

s	–	Stammelns
sch	–	Stammelns
k	–	Stammelns
g	–	Stammelns
r	–	Stammelns
ch	–	Stammelns
f	–	Stammelns
l	–	Stammelns

sowie zum „Phonembestimmten Manualsystem" (PMS) und den „Sprechspielen zur rhythmischen Sprechgliederung". Die Bestellung oder der Verleih erfolgt über das „Institut für den Wissenschaftlichen Film" (Nonnenstieg 72, 3400 Göttingen).

Im Rahmen der *Hörerziehung* bei der Artikulationstherapie sind zusätzlich zu den in Kap. 4.2.1.1. genannten Materialien zur allgemeinen akustischen Wahrnehmungsförderung zu nennen:
- Spiele zur Hörerziehung für den s-Laut (Selbstverlag Sprachheilzentrum, Ravensburg)
- Spiele zur Hörschulung für den sch-Laut (Sprachheilzentrum Ravensburg)
- Spiele zur Stammlerbehandlung und Hörerziehung für die Laute k und t (Sprachheilzentrum Ravensburg)
- Werscherberger Sprech- und Stimmspiele (Druck und Verlag: Buchdruckerei H. Prull, Oldenburg)
- Spiel und Sprich (Verlag Jugend und Volk, Wien/ München)
- Achtung aufgepaßt (Hueber + Holzmann Verlag, München)

Bildmaterialien als Sprechanlaß bei der Artikulationstherapie und Wortschatzerweiterung bieten u.a.:
- Werscherberger Sprachfibel A, B, C, D (H. Prull, Oldenburg)
- Werscherberger Lautprüf- und Übungsmappe (H. Prull, Oldenburg)
- Lautbilderspiele (Huesmann + Benz Verlag, Rielasingen)
- Logopädische Bilderspiele I, II (Huesmann + Benz Verlag, Rielasingen)
- Sprechbewegungsbilder (Huesmann + Benz Verlag, Rielasingen)
- Spiele zur Stammlerbehandlung (Sprachheilzentrum Ravensburg)
- Lautbildungshilfen (W. Crüwell Verlag, Dortmund)
- Vertiefendes Lauttraining (Jugend und Volk, Wien/ München)
- 100 neue Sprechspiele (Selbstverlag G. Gollwitz, Kanalstr. 12, 8421 Poikam)

- Logopädische Übungshefte (Jugend und Volk, Wien/ München)
- Bergedorfer Bilderbögen zur Sprecherziehung (Verlag Sigrid Persen, Hamburg)
- Sprechfibel (E. Reinhardt Verlag, München/ Basel)
- Sprechlernspiele (O. Maier Verlag, Ravensburg)

Hinweise zu Therapieübungen und Wortsammlungen finden sich u.a. bei:
- Übungsblätter zur Sprachbehandlung (Wartenberg & Söhne, Hamburg)
- Spiele und Übungen zur Lautbildung (Beltz Verlag, Weinheim)
- Sprachheilpädagogische Wortgutsammlung (Jugend und Volk, Wien/ München)

4.2.2.2. Wortschatzerweiterung/Begriffsbildung

Vorbemerkungen und Prinzipien: Generell ist davon auszugehen, daß die Begriffsbildung und Erweiterung des Wortschatzes nicht im Sinne eines routinemäßig ablaufenden Trainingsprogrammes durchgeführt werden sollte. Stattdessen ist eine Einbettung in einen sprachlich-situativen Zusammenhang vorzunehmen, bei dem etwas Konkretes, ein emotional ansprechendes Erlebnis mit dem Begriff verbunden und im handelnden Umgang verinnerlicht wird.
Zu bedenken ist dabei, daß das Wort stets in einen *syntaktisch-morphologischen Kontext* eingebettet ist. Begriffs- und Satzbildung hängen eng miteinander zusammen. Weiterhin ist zu beachten, daß der Wortschatzaufbau sowie seine Erweiterung und Präzisierung mit der *Organisation kognitiver Strukturen* einhergeht. Die Entwicklung der Wahrnehmung, Sprache und Denktätigkeit ist voneinander abhängig. Die sinnliche Wahrnehmung ist Voraussetzung, damit es zu einer Assoziation von Begriff und Gegenstand kommen kann. Die sprachliche Zeichenbildung ermöglicht die „geistige Inbesitznahme" und erleichtert das Denken in abstrakten Symbolen. Erst durch die Wechselwirkung von Sprache, gegenständlicher Handlung und kognitiver Strukturierung entwickelt sich das *Sprachverständnis,* das Voraussetzung zum sinnvollen Sprachgebrauch ist.
Analog zu den Bedingungen des normalen Spracherwerbs sollte dabei am Beginn der Therapie nicht die echoartige Imitation des Vor- und Nachsprechens, sondern das gemeinsame Handeln im kommunikativen

Kontext stehen. Die Kinder werden dazu in Situationen mit Aufforderungscharakter gebracht, die sie mit Hilfe der Sprache am besten bewältigen können. Der Therapeut versprachlicht dabei den Handlungskontext und stellt den betreffenden Begriff zur Verfügung. Durch Kategorisierungen (Bildung von Oberbegriffen), Differenzierungen und Transformationen wird dem Kind die Bedeutungserweiterung und -präzisierung erleichtert.

Die genannten Zusammenhänge mit entwicklungs- und kognitionspsychologischen Merkmalen der Begriffsbildung machen es erforderlich, ebenso wie bei der Artikulationstherapie auch bei der Wortschatzerweiterung eine Zerlegung in aufeinander aufbauende Teilschritte vorzunehmen. Die einzelnen Phasen der Therapie sollten dabei möglichst alle durchlaufen werden, um über den Prozeß der Verinnerlichung die Verbindung von Sprache und Kognition zu gewährleisten. Lediglich in höheren Altersstufen und bei der Erarbeitung von Abstraktionen sind die Anfangsphasen nur kurz anzusprechen.

- *Konkretionsstufe*: Am Anfang steht der handelnde Umgang, bei dem die Wahrnehmung des Kindes auf den betreffenden Gegenstand sowie Situationszusammenhang gelenkt wird und eine einfache Versprachlichung erfolgt.
- *1. Abstraktionsstufe*: Lenkung von Begriffsassoziationen mit Bildunterstützung
- *2. Abstraktionsstufe*: Lenkung von Begriffsassoziationen ohne Bildunterstützung
- *Anwendungsstufe*: Gebrauch, Neuschöpfung und Transfer von Begriffen im kommunikativen Kontext.

Die Auswahl der Wörter richtet sich dabei nach phonetischen Kategorien (Schwierigkeit der Lautverbindungen), der altersspezifischen Motivation, alltagssprachlichen Notwendigkeit und Häufigkeit des Vorkommens.

Didaktisch-methodisches Vorgehen

Die Förderung des kindlichen Begriffsinventars unterteilt sich zum einen im Sprachverständnisübungen zur Erhöhung des passiven Wortschatzes, sowie zum anderen in eine Erweiterung des expressiven Wortschatzes beim Sprachgebrauch. Beide Bereiche gehen in der Praxis ineinander über. Dabei wird ein situativer Ansatz mit integrierten gezielten Angeboten zur Wortschatzerweiterung zugrundegelegt, der je nach Altersstufe zu modifizieren ist. Im Vorschulbereich überwiegt das Aufnehmen spontaner Erlebnisinhalte, im Schulalter wird der Bereich systematisch geplanter Therapieangebote an Bedeutung zunehmen.

(1) Sprachverständnisübungen

Analog wie bei den Übungen zum Lautverständnis und zur phonematischen Differenzierung gilt es zunächst, die Aufmerksamkeit des Kindes auf den akustischen Eindruck zu lenken. Es folgt die kognitive Verarbeitung durch die Assoziation mit dem konkreten Gegenstand, Abbildungen auf Bildkarten oder dem Situationszusammenhang.

☐ *Konkretionsstufe:*
Es erfolgt ein Hantieren mit Alltagsgegenständen sowie handlungsbegleitendem Sprechen durch den Therapeuten auf einfachster Niveaustufe. Dies kann unspezifisch oder gelenkt vorgenommen werden.
Bsp.: „Wir spielen mit dem Ball."
> Ein Ball wird gezeigt, beschrieben, evt. mit anderen Bällen verglichen. Er wird begriffen, betastet, gerollt und geprellt. Dabei wird gesprochen („Schau, da ist ein Ball. Hier, der Ball. Er rollt. Ball! ..).
> Wichtig ist das „Begreifen" im eigentlichen Sinne. Es löst taktile und kinästhetische Reize aus. Bei Assoziation mit dem sprachlichen Symbol bilden sich manifeste Strukturen im Sinne funktionaler Einheiten (*Becker* et al. 1983).

Eine Erschwerung besteht darin, daß mehrere Gegenstände in Verbindung gebracht werden (Bsp.: „Zeige den Ball und das Auto!"). Dabei ist zu beachten, daß nicht über nonverbale Hinweissignale (Blickrichtung, Gestik ..) zu viele Informationen gegeben werden, da sonst ein Wortverständnis vorgetäuscht wird, das eigentlich aus der Interpretation der Gesamtsituation besteht.
Analog können auf diese Weise nicht nur Substantive, sondern auch
– Eigenschaften (Adjektive: süß, sauer, leicht, schwer, heiß, kalt ..)
– Tätigkeiten (Verben: gehen, laufen, kriechen, hüpfen ..)
– Präpositionen (in, auf, neben, unter, vor, hinter ..)
handelnd und unter Ausnutzung aller Sinnesmodalitäten (riechen, fühlen, schmecken ..) ganzheitlich erfahren und versprachlicht werden.

☐ *1. Abstraktionsstufe*

Die Erweiterung des Wortschatzes anhand von Bildmaterial gehört zu den typischen Formen der Sprachtherapie. Dabei geht es zunächst ausschließlich um das Wortverständnis, nicht um den aktiven Sprachgebrauch. Hierzu werden mehrere Gegenstandsbilder gezeigt. Der Therapeut spricht dazu, das Kind zeigt.

Bsp. 1: Verstehen von Substantiven
   Bilder: Haus, Auto, Puppe, Ball. – „Zeige die Puppe."

Bsp. 2: Unterscheidung klangähnlicher Wörter
   Bilder: Haus, Maus, Strauß, Laus. – „Zeige die Maus."

Bsp. 3: Oberbegriffe
   Bilder: Hase, Hose, Auto, Ball. – „Zeige das Tier."

Bsp. 4: Einzelheiten erkennen
   Bilder: Haus, Baum, Kind, Ball. – „Was hat ein Dach?"

Eine Erschwerung erfolgt, indem Situationsbilder mit mehreren Gegenständen gezeigt werden. Mögliche Fragen sind: „Wo ist ..? Womit fährt ..? Was macht ..? Wer hat ..? Wie ist ..?" Dabei werden nicht nur Substantive, sondern auch Verben, Präpositionen und Adjektive erfragt (Bsp.: Farben). Neben dem Verstehen von Einzelbegriffen ist damit das Verständnis des Situationskontextes auf dem Bild angesprochen. Gleichzeitig gewinnen Fragen der grammatischen Regelkenntnis an Bedeutung.

☐ *2. Abstraktionsstufe*

Das Vorgehen ohne den Einsatz von Bildmaterial erfolgt vorwiegend im Schulalter, wenn durch die Schrift ein weiteres Symbolsystem zur Verfügung steht.

Bsp.: – Lückentexte
   – Satzanfänge vorgeben
   – Entscheidungsfragen

Auch hier ist der syntaktisch-morphologische Kontext immanent.

Der Zusammenhang mit kognitiven Funktionen wird bei Ratespielen deutlich, wenn ein letztlich bekannter Begriff anhand seiner Eigenschaften wiedererkannt werden soll. (Bsp.: „Das gesuchte Tier steht auf der Wiese, hat zwei Hörner, gibt Milch .."). Möglich sind auch Gruppenspiele, in denen spontan das Sprachverständnis angesprochen wird (Bsp.: „Alle Vögel fliegen hoch. Alle Ameisen .."):

Aufgrund der generellen Verbindung semantisch-lexikalischer, syntaktisch-morphologischer und kognitiver Strukturen ist gerade auf dieser Abstraktionsstufe keine eindeutige Teilung in Einzelbereiche mehr möglich. Durch den ganzheitlichen Zusammenhang werden bei den Übungen stets mehrere Teilfunktionen angesprochen und mitgeübt.

☐ *Anwendungsstufe:* s. Kap. 4.2.2.4. (Pragmatik/ Kommunikation)

(2) Erweiterung des expressiven Wortschatzes und der Begriffsbildung

Das methodische Vorgehen bei der Erweiterung des aktiven Wortschatzes ist ähnlich wie bei den Sprachverständnisübungen. Es wird eine Assoziation von optischen und akustischen Merkmalen hergestellt und durch einen Begriff gekennzeichnet. Das betreffende Wort muß jetzt nicht nur verstanden und wiedererinnert, sondern auch lautsprachlich realisiert werden.

☐ *Konkretionsstufe*

Zusätzlich zu den o.g. Sprachverständnisübungen auf dieser Niveaustufe wird das Kind zur Begriffsbildung und Imitation angeregt. Dies kann indirekt durch Impulse im Rahmen des handlungsbegleitenden Sprechens durch den Therapeuten erfolgen. Möglich sind aber auch direkte Stimulationen im systematisch geplanten Vorgehen. Vor allem bei lernbehinderten und hörgeschädigten Kindern wird dies erforderlich sein.

Bsp.: Erarbeitung des Begriffs „Ball"

Der Ball wird gezeigt, betastet und beschrieben. Dann wird er hochgehoben (am besten neben den Mund, um die Blickrichtung des Kindes auf das Ablesebild zu lenken) und mit langsamer, deutlicher Artikulation gesprochen: „Ball. Das ist ein Ball. Schau, ein Ball .." (oder ähnlich). Das Kind wird zum Nachsprechen ermuntert und evt. in seiner Lautbildung korrigiert. Bei der Erarbeitung in der Gruppe ist ein Chorsprechen möglich.

Analog erfolgt die Erarbeitung von Adjektiven, Verben und Präpositionen bei handelndem Umgang mit unspezifischer oder gelenkter Versprachlichung (Bsp.: Vergleich der Geschmacksqualitäten „süß" und „sauer").

☐ *1. Abstraktionsstufe*

Zum Ausbau des Wortschatzes durch Bildkarten liegt eine Vielzahl von Materialien vor. Zumeist wird dabei auf Bilderlottos (Zuordnung Bild zu Bild) oder Dominospiele (2 Bilder auf jeder Spielkarte) zurückgegriffen. Möglich sind auch Memoryspiele. Wiederum wird deutlich, daß die Begriffsbildung von Faktoren der Konzentration und Erinnerung abhängt.
– Erarbeitung von *Substantiven* durch Gegenstandsbilder: Zeigen und Versprachlichen des Gegenstandes auf dem Bild, evt. Vergleich mit anderen Bildern oder dem originären Gegenstand selbst.

Variation: Zusammengesetzte Hauptwörter im Wörter-Duo (Apfel, Baum ➤ Apfelbaum).
– Erarbeitung von *Verben* durch Situationsbilder: Benennen von Handlungen auf dem Bild, evt. oppositioneller Vergleich mit anderen Handlungssequenzen oder eigenem Tätigsein. Eine Antwort im Satz ist nicht nötig und würde auch grammatische Kenntnisse erfordern.
  Bsp.: „Was macht der Vogel?" Antwort: „.. fliegen" („Er fliegt. Der Vogel fliegt.").
– Erarbeitung von *Adjektiven* durch Situationsbilder: Benennen von Eigenschaften der Gegenstände auf den Bildern, evt. mit begleitender Handbewegung.
  Bsp.: „Wie ist der Ball?" Antwort: „.. rund" („Der Ball ist rund,")
  Variation: „Was ist rund?" Anwort: „Der Ball (ist rund)."
– Erarbeitung von *Präpositionen* durch Situationsbilder: Kommentar bzw. Antwort auf gezielte Fragen zum Bildkontext. Der Gebrauch von ganzen Sätzen ist dabei nicht erforderlich und zuweilen sogar unnatürlich.
  Bsp.: „Wo ist der Ball?" Antwort: „.. auf dem Tisch."
    „Wohin lege ich den Ball?" Antwort: „.. auf den Tisch."
Bei der Erarbeitung von Präpositionen zeigt sich die unmittelbare Verschmelzung von Begriffsbildung und syntaktisch-morphologischen Kenntnissen, da auf unterschiedliche Fragen mit dem Dativ oder Akkusativ geantwortet werden muß. Es reicht deshalb zunächst aus, wenn das Kind am Anfang nur mit einem Wort („auf" statt „auf dem Tisch") antwortet.

☐ *2. Abstraktionsstufe*

Wenn das Kind die Schrift zumindest ansatzweise beherrscht, wird das methodische Inventar entscheidend erweitert, indem eine zusätzliche Assoziationshilfe zur Verfügung steht. Typisch sind dabei Zuordnungen von Bild- und Schriftkarten.
Bei Kenntnis der Satzbildung und guter phonematischer Differenzierung sind weiterhin möglich:
– Lückentexte („Viele Menschen wohnen im eigenen ...")
– Ergänzung der Anfangssilbe („...tobahn")
– Ergänzung der Endsilbe („Lichtschal..")
– Neue Wörter aus Silben finden (mo-ve-ti-ko-lo)
– Reimwörter finden
– Teekesselwörter und zweideutige Aussagen

☐ *Anwendungsstufe:* s. Kap. 4.2.2.4. (Pragmatik/ Kommunikation)

Medien und Hilfsmittel, Spiele und Materialien

Generell ist die Art des Vorgehens vom (Entwicklungs-)Alter des Kindes und der Zielsetzung abhängig. Allgemein ist die Begegnung mit dem originären Gegenstand von Vorteil. Am weitesten verbreitet sind Wortbild- und Situationskarten, im Schulalter treten farbige Wort- und Silbenstreifen hinzu. Die technischen Medien (Language Master, Tonbandgeräte) sind entsprechend wie bei der Stammlertherapie zu verwenden. An Spielmaterialien zur Wortschatzerweiterung sind gebräuchlich:
- Wortschatz in Bildern (Huesmann + Benz Verlag, Rielasingen)
     Teil I: Verben
     Teil II: Verben, Adjektive, Adverbien, Präpositionen, Ergänzungen
- Wortspiele – Sprich genau, hör genau (O. Maier Verlag, Ravensburg)
- Wörterschlange (O. Maier Verlag, Ravensburg)
- Wörter sind nur halb so schlimm (O. Maier Verlag, Ravensburg)
- Was gehört zusammen? (Kuhlemann Verlag, Weilheim/ Teck)
- Wörter-Duo (Finken Verlag, Oberursel)
- Ravensburger Sprachbastelbuch (O. Maier Verlag, Ravensburg)
- Lese-Memory (O. Maier Verlag, Ravensburg)
- Lottino (O. Maier Verlag, Ravensburg)
- Wörter-Domino (O. Maier Verlag, Ravensburg)
- Sag mir doch, was rot ist (O. Maier Verlag, Ravensburg)
- Fotokartei: Gegenstände (Huesmann + Benz Verlag, Rielasingen)
- Tätigkeiten, Ortsbestimmungen, Gegenstände auf Fotokarten (Huesmann + Benz)
- Suche Namen und Sammelnamen. Serie 1, 2, 3 (Huesmann + Benz Verlag)
- Was gehört zu diesem Begriff (Huesmann + Benz Verlag, Rielasingen)
- Lüdeke, Ingeborg: Sprachspiele für die Primarstufe. (Frankonius Verlag, Limburg/ Lahn)

4.2.2.3. Syntax/Morphologie (Dysgrammatikertherapie)

Vorbemerkungen und Prinzipien: Es wurde bereits bei den Aussagen zum normalen wie gestörten Spracherwerb betont, daß die syntaktisch-morphologische Regelkompetenz eng mit der semantischen und kognitiven Strukturierung zusammenhängt und teilweise auf diese aufbaut. Das Auftreten eines kindlichen Entwicklungsdysgrammatismus ist häufig Ausdruck einer Störung bei der Aufnahme, Verarbeitung und Speicherung vorwiegend auditiver, aber auch visueller und kinästhetischer Wahrnehmungsprozesse. Dementsprechend ist noch einmal hervorzuheben, daß sich das therapeutische Vorgehen zum einen auf die impressiven Basisfunktionen der Sprache richten sollte und erst dann auf die Sprache selbst. Eine ausschließliche Arbeit am sprachpathologischen Symptom ist besonders in diesem Fall wenig erfolgversprechend.

Hinsichtlich des Sprachaufbaus i.e.S. steht der Therapeut gerade bei der Erarbeitung syntaktisch-morphologischer Regelstrukturen vor der Aufgabe, seine Grundpositionen zwischen den Extremen eines systematisch gelenkten bzw. ganzheitlich-situativen Vorgehens zu finden.

Bei einem *systematischen Sprachaufbau* erfolgt eine gezielte Zerlegung in Teilschritte, Hierarchisierung und Isolierung von Schwierigkeiten, Übung und Automatisierung. Zumeist erfolgt eine Zusammenstellung der Übungen in einem Programm. Als Beispiel soll das besonders in der Gehörlosenpädagogik bekannte konstruierende Sprachaufbauverfahren von *Kreye* (1972) genannt werden. Ausgangspunkt der Überlegungen ist dabei, daß es eine endliche Anzahl von Grundstrukturen in jeder Sprachgemeinschaft gibt, für die hypotaktische Verbindungen bestehen. Diese können als Transformationen von Grundstrukturen aufgefaßt werden. Das sprachdidaktische Prinzip besteht jetzt darin, daß eine bestimmte Auswahl, Strukturierung und Anordnung sprachlicher Mittel mit hoher Vorkommenshäufigkeit vorgenommen wird und komplexe sprachliche Strukturen in einfachere, zugrundeliegende Formen transformiert werden. Zur methodischen Veranschaulichung wird dabei auf optische Zeichen („Signalmethode") zurückgegriffen. Bei unbestreitbarer linguistischer Fundierung und gezielter Aufarbeitung spezifischer Schwierigkeiten zeigt sich in der Praxis jedoch, daß bei einem ausschließlich programmartigen Vorgehen die Gefahr der Anbildung einer unnatürlichen Übungssprache besteht. Zuweilen sind die Verfahren auch wenig kindgemäß und erfordern viel extrinsische Motivation.

Bei einem *ganzheitlichen Vorgehen* geht es darum, sprachanregende Situationen mit Anregungscharakter zu schaffen. Im Mittelpunkt steht das Gespräch, durch das das Kind zur Selbstgestaltung angeregt werden soll. Bei einer Einbettung in (Sprach-)Spiele erfolt ein Ausnutzen situativer Motivationen. – Auch hier sind kritische Anmerkungen zu machen. Dem Vorteil, daß eine Orientierung an den Bedingungen des natürlichen Spracherwerbs efolgt, kann entgegenstehen, daß die hervorgerufenen Lernprozesse teilweise sehr unspezifisch sind und von Zufällen und Spontaneitäten beeinflußt werden.

Die Entscheidung des Therapeuten für eine Übernahme, Variante oder mittlere Position zu den genannten Vorgehensweisen hängt von seinem persönlichen Selbstverständnis, teilweise aber auch vom Alter der betreffenden Kinder sowie diesen selbst ab. In jedem Einzelfall ist zu prüfen, inwieweit ein schwerpunktmäßig ganzheitliches Vorgehen realisiert werden kann. In vielen Fällen wird jedoch die Eigenaktivität des Kindes so gering sein, daß eine didaktisch gelenkte Methode implizit erforderlich wird. Dies beinhaltet ein systematisches und geplantes Vorgehen, das vom Kind aber nicht als starrer Grammatikunterricht erlebt werden darf. Kinder erwerben Sprache in Handlungszusammenhängen. Das ist wegweisend und nicht die systematische Vollständigkeit, die letztlich auch eine Fiktion bleiben muß. Das Kind ist vielmehr in Spielsituationen zu bringen, die ganz bestimmte Äußerungen provozieren (s. Kap. 4.2.2.4.: Rollen- und Handpuppenspiel, Einübung von Dialogen im Reporterspiel usw.).

Am Anfang steht dabei die *Weckung der Redefreudigkeit,*des *Spracherlebens* und *Sprachgefühls,* das *Heese* (1963. 10) definiert als „den im Gedächtnis haftenden Niederschlag, den die abertausendfach gehörten Sprachfügungsmuster im Großhirn hinterlassen." Dies sollte durchaus in Form eines gezielten Angebotes bei einer Beschränkung auf wenige Muster und massiver Darbietung erfolgen. Dadurch wird die Möglichkeit zum Transfer – letzlich die Hoffnung jeglicher Dysgrammatikertherapie, da man nicht alles üben kann – bei Übernahme, Anwendung und Ausweitung der gelernten Strukturen in der Alltagssituation zumindest wahrscheinlicher.

Letztlich geht es darum, die Wahrnehmungsfähigkeit und das Interesse des Kindes für die Sprache seiner Umwelt so weit zu *sensibilisieren,* daß es aus dem ihm zunächst ungeordnet erscheinenden akustischen Chaos seiner Umwelt subjektiv sinnvolle Merkmale entdeckt, diese in sein bisheriges Wissen integriert und schließlich selbst anwendet. Das Wecken des Verständnisses für grammatische Regeln, mit dem der etwas diffuse Begriff des Sprachgefühls umschrieben werden kann, wird damit durch ein genaues Hinhören des Kindes eingeleitet. Dadurch wird wiederum die kindliche Selbstlernaktitität gesteigert, so daß ein aufwärts gerichteter Kreislauf der (Sprach-)Entwicklung initiiert wird.

Didaktisch-methodisches Vorgehen

Entsprechend der genannten Prinzipien ist eine Dysgrammatikertherapie mehrdimensional anzulegen. Sie richtet sich einerseits auf die Förderung impressiver Grundvoraussetzungen zum Erwerb syntaktisch-morphologischer Regeln, andererseits auf den Ausbau der Sprachstrukturen selbst. Zu betonen ist dabei der kommunikative Kontext. Sämtliche nachfolgenden Übungen zur Ausbildung impressiver wie expressiver Fähigkeiten sind im Rahmen von Gesprächen, Dialogen oder in der Gruppe durchzuführen. Dabei gewinnt das Sprachverhalten des Therapeuten eine besondere Bedeutung (s. Kap. 4.1.). Es kann der Erfolg u.U. mehr beeinflussen als die didaktische Themenauswahl.

(1) *Förderung impressiver Grundvoraussetzungen*

Von den im Rahmen einer Förderung sprachtragender sensomotorischer Basisfunktionen genannten Übungen (s. Kap. 4.2.1.) sollen noch einmal die Bereiche der Aufnahme und Speicherung verbaler Information, ihrer kognitiven Verarbeitung und rhythmisch-melodischen Gliederung besonders betont werden.

□ *Auditive Stimulation und Diskrimination*

Es erfolgt eine Förderung der auditiven Perzeption, indem zunächst Alltagsgeräusche, dann Töne und Klänge und schließlich Wörter und Sätze vorgespielt bzw. in ihren Ausdrucksqualitäten verglichen werden (Bsp. in Kap. 4.2.1.1.).

□ *Sprachverständnisübungen*

Es wird angenommen, daß das Unvermögen, bestimmte grammatische Regeln aus den sprachlichen Äußerungen der Umwelt abzuleiten, zu den wesentlichen Ursachen des Entwicklungsdysgrammatismus gehört. Dementsprechend sollte eine gezielte Förderung der differenzierten Sprachwahrnehmung und -verarbeitung erfolgen. Das Vorgehen ist ähnlich wie bei den Sprachverständnisübungen im Rahmen der Wortschatzerweiterung unter Beachtung unterschiedlicher Niveaustufen der Konkretion bzw. Abstraktion.

Bsp. 1: Es werden 6 bis 8 Gegenstände auf den Tisch gelegt und Anweisungen mit steigendem Komplexitätsgrad gegeben („Hole die Puppe." .. „Lege die Gabel auf den Teller.")
Bsp. 2: Es wird ein Situationsbild vorgelegt, zu dem vier Sätze gesagt werden. Frage: „Welcher Satz paßt?" (Begründung)

96

Bsp. 3: Verstehen von Fragen ohne Bildunterstützung („Kann man ein Auto trinken?" – „Warum nicht? Was kann man trinken?")

□ *Sprachgedächtnisübungen*

Ein eingeschränktes Kurzzeitgedächtnis wirkt sich negativ auf die Fähigkeit aus, längere Satzsequenzen zu erfassen bzw. vorwegnehmend zu konzipieren. Die Hörgedächtnisspanne, d.h. die Fähigkeit zum Behalten und kurzfristigen Reproduzieren einer bestimmten Anzahl sinnloser Silben, erweist sich dabei als bedeutsam für die Satzbildungsfähigkeit. *Bsp.:* In einem als „Geheimsprache" motivierten Spiel werden vierjährigen Kindern 4 sinnlose Silben vorgesprochen, die unmittelbar wiederholt werden sollen („ti-ta-mu-pe").
Die Speicherkapazität kann dabei erheblich gesteigert werden, wenn Sinnzuordnungen, Rhythmisierungen oder Gliederungshilfen wie beim Behalten von Telefonnummern angeboten werden. Das Ziel besteht darin, die für das Kind zunächst als diffuse Ganzheit erscheinende Lautsprache überschaubarer und nach bestimmten Gesetzmäßigkeiten strukturiert erscheinen zu lassen.

□ *Rhythmisch-melodische Übungen*

Rhythmische Übungen erleichtern nicht nur das Verständnis, sondern auch das Einüben von Satzmustern. „Das Kind erfaßt die Betonungsabfolge im Sprechrhythmus und versucht, diese wiederzugeben, obwohl es vielleicht noch lange nicht fähig ist, das Lautgefüge normgerecht zu bilden" (*Breiner* 1984, 87). Die Strukturgesetze des Satzbaus werden dabei mit rhythmischen Körperbewegungen gekoppelt. Durch begleitendes Klatschen oder Klopfen der Sprechmelodie erfolgt ein Erleben der dynamischen, melodischen und temporalen Akzente. Die Melodie in Singspielen und Reimen wirkt dabei gedächtnisunterstützend. Darüber hinaus ist eine gleichzeitige Visualisierung möglich (s. „Sprechzeichnen").
Bsp.:

Mor – gens früh um sechs kommt die klei – ne Hex.

(2) *Auf- und Ausbau der expressiven Sprachstruktur*

Die Erweiterung der grammatischen Regelkompetenz sollte in komplexen Handlungssituationen erfolgen. Ein bloßes Nachsprechen von Sätzen ist wenig sinnvoll, da keine affektiven Beziehungen auftreten, die das Behalten erleichtern. Neben der *pragmatischen Bedeutung* und *Handlungsrelevanz* werden dabei folgende didaktisch-methodische Gesichtspunkte bei der Auswahl und Strukturierung von Therapiesequenzen bedeutsam:

– vom Einfachen zum Schwierigen
– Veranschaulichung durch gegenständliches Material (Bildkarten, Zeichensysteme)
– Rhythmisierung als Gliederungs- und Gedächtnisstütze
– Unterstützung durch ausgewählte Medien (Bsp.: Language Master)
– handlungsbegleitendes Sprechen

Wichtig ist ebenfalls, daß keine isolierten Grammatikübungen vorgenommen werden, sondern die Therapie innerhalb eines übergeordneten *Sachthemas* (Beim Kaufmann, Jahreszeiten, Post, Bahnhof ...) erfolgt, evt. auch im Rahmen des Deutsch- oder Sachunterrichts. Dabei wird prinzipiell eine Isolierung von Schwierigkeiten angestrebt, um das Wesentliche hervorzuheben und gezielt einzuüben. In der Praxis zeigt sich jedoch, daß häufig mehrere Bereiche gleichzeitig angesprochen werden (Bsp.: Präpositionen und Deklination) und u.U. aufgrund der situativen Anforderungen eine spontane Ausweitung des therapeutischen Kontextes erforderlich wird.

Die *inhaltliche Auswahl* der geübten Satzbaupläne und morphologischen Strukturen richtet sich zunächst einmal grundsätzlich nach dem beobachteten Störungsverhalten der Kinder. Bei globalen oder weiterreichenden Störungssyndromen werden jedoch grundlegende Entscheidungen des Therapeuten erforderlich. Da die Übungen kein Abbild sämtlicher Strukturen der deutschen Sprache sein können, ist eine Reduktion erforderlich, die sich auf die häufigsten und zum alltäglichen Gebrauch notwendigen Grammatikstrukturen bezieht. Hilfestellungen bieten dabei u.a. Untersuchungen zur Gebrauchshäufigkeit von Sätzen im Deutschen (Grebe 1966), die zur Leitlinie bei der Auswahl und Beschränkung von Satzmustern in der Therapie werden können.

26% – Subjekt, Prädikat, Akkusativobjekt (Ich sehe den Mann)
12% – Subjekt, Prädikat, Präpositionalobjekt (Ich gehe in die Schule)
12% – Subjekt, Prädikat (Die Sonne scheint)

11% – Subjekt, Prädikat, adj./ adv. Ergänzung (Der Hase läuft schnell)
8% – Subjekt, Prädikat, Raumergänzung (Bonn liegt in Deutschland)

Zu ähnlichen Ergebnissen kommt *Grimm* (1973) im Rahmen einer Untersuchung der verwendeten Satzstrukturen bei Kindern im Alter von 2 1/ 2 bis 6 Jahren.
Die nachfolgende Auswahl an Therapieeinhalten bezieht sich zum einen auf die Gebrauchshäufigkeit im Deutschen, zum anderen auf die Häufigkeit bestimmter Fehlbildungen bei Dysgrammatikern. Da nicht alle Regelkonstruktionen eingeübt werden können, wird prinzipiell ein exemplarisches Lernen zur Erleichterung von Transferbildungen angestrebt.

☐ *Artikelzuordnung*

Eine falsche Verwendung unbestimmter und bestimmter Artikel gehört zu den häufigsten Fehlbildungen bei dysgrammatisch sprechenden Kindern überhaupt. Zur Verdeutlichung werden im Rahmen der Therapie zumeist Signale als Gedächtnisstütze verwendet, indem bestimmte Farb- und Formsymbole den einzelnen Artikeln zugeordnet werden.
Möglich wären: ein blaues Dreieck – der
                 ein roter Kreis   – die
                 ein grünes Quadrat – das
Die Art der Zuordnung ist nicht festgelegt und letztlich eine Frage der Absprache bzw. konnotativen Empfindung. Denkbar sind auch andere Zuordnungen wie in den „Satzbauspielen" von *Sulser* oder ergänzende Symbole zur Verdeutlichung oder Veränderung bei der Deklination (*Kregcjk* 1984). Zu beachten ist dabei, daß die Symbolbildung nicht unnötig kompliziert wird oder sogar zu einer Erschwerung beiträgt.
Der Einsatz der Symbole wird zweckmäßigerweise durch eine Rasterbildung erleichtert. Den einzelnen Spalten werden dabei die jeweiligen Bild- oder Schriftkarten zugeordnet.

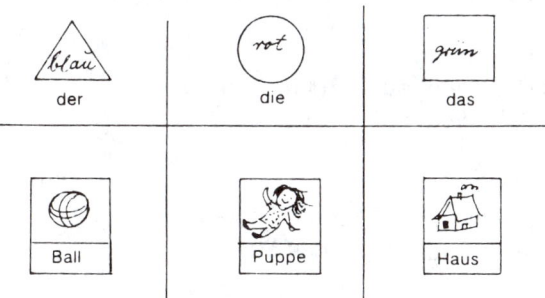

99

Im Schulalter ist die zusätzliche Verwendung von Schrift bzw. Schriftkarten möglich. Zur Ermöglichung einer Eigenkontrolle für die Kinder kann auf der Rückseite das farbige Symbol noch einmal angezeigt werden. Ebenfalls denkbar sind ineinander passende Pappkärtchen:

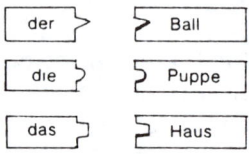

Insgesamt ist dabei zu beachten, daß möglichst Hauptwort und Artikel als Einheit gelernt werden (*Gey* 1984), um die Wahrnehmungsorganisation des Kindes gezielt zu strukturieren.

☐ *Präpositionen*

Die Erarbeitung einer Präposition als Einzelbegriff erfolgt nach den im Rahmen der Wortschatzerweiterung genannten Kriterien. Die Verwendung im Satz erfordert den Gebrauch des Dativ- oder Akkusativobjektes. Die Einübung kann über aktives Handeln erfolgen, indem bestimmte Anweisungen ausgeführt und versprachlicht werden. Zur Automatisierung in der Übungsphase werden zumeist systematisch Analogiesätze gebildet, die unter Beibehaltung und Variation von Satzteilen eine Vielzahl von Kombinationsmöglichkeiten bieten.

Bsp. 1: 1 Veränderung
    Das Buch liegt *auf*   dem Schrank.
    Das Buch liegt *unter*   dem Schrank.
    Das Buch liegt *in*   dem Schrank.
    Das Buch liegt *neben* dem Schrank.
    Das Buch liegt *vor*   dem Schrank.

Bsp. 2: 2 Veränderungen
    Das Buch liegt auf   *dem Schrank.*
    Der Ball   liegt auf   *dem Stuhl.*

Bsp. 3: 3 Veränderungen
    Das Buch liegt *auf*   *dem Schrank.*
    Der Ball   liegt *vor*   *dem Stuhl.*

Die Durchführung sollte nicht in Form stereotyper Satzreihen erfolgen, sondern aus Sprachspielen erwachsen, bei denen verschiedene Bild- und Symbolkarten kombiniert und versprachlicht werden (Prinzip: s. Dreiwortsatz).

☐ *Zweiwortsätze*

Die Wahl der Satzlänge und -struktur beim Beginn einer Dysgrammatikertherapie hängt vom aktuellen Sprachstand des Kindes ab. Die realisierte Satzlänge wiederum wird von der Hörgedächtnisspanne und somit von kognitiven Faktoren beeinflußt.
Zu den einfachsten Formen gehört der Zweiwortsatz, bei dem häufig auf die Befehlsform zurückgegriffen wird.

Mama komm!

Papa komm!

Nina komm!

usw.

Aufgrund der zumeist komplexen Retardierung der Kinder sollte auf praktisches Handeln sowie rhythmisiertes Klatschen zur Unterstützung nicht verzichtet werden.

☐ *Dreiwortsätze*

Zusätzlich zur unmittelbaren Konkretion empfiehlt sich eine Erarbeitung in Sprachspielen, wobei aus der Zuordnung von Gegenstands- und Situationsbildern verschiedene Sätze gebildet werden können.

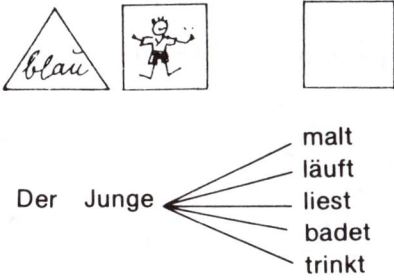

Der Junge
- malt
- läuft
- liest
- badet
- trinkt

Zuordnung von Situationsbildern, evt. Freistellen zur kreativen Fortführung

usw.

☐ *Mehrwortsätze*

Die aus den Bildkarten gebildeten Sätze werden entsprechend erweitert. Die korrekte Wortstellung (Subjekt, Prädikat, Objekt) wird dabei durch eine lineare Anordnung von Gegenstandsbildern erreicht.

Bsp.: Der Junge malt das Auto.

Im Schulalter können zusätzliche Schriftkarten zugeordnet werden. Dabei ist es nicht immer erstrebenswert, jedes Wort durch ein entsprechendes Kärtchen zu symbolisieren – was möglich wäre. In jedem Einzelfall hat der Therapeut neu zu entscheiden, inwieweit das Ausmaß der Zeichendarstellung bei dem betreffenden Kind zu einer Hilfestellung oder Verwirrung beiträgt. Zumeist empfiehlt es sich, nur das jeweils wichtige Merkmal zu symbolisieren.
Im Prinzip ähnlich ist ein Verfahren, bei dem einzelne Bilder als Repräsentanten von Satzteilen aus einem Ringordner herausgeklappt werden. Durch die unterschiedlichen Kombinationsmöglichkeiten entsteht dabei eine Vielzahl an Sätzen bei einheitlicher Struktur (s. Bildermix zum Sprechenlernen).

☐ *Verneinungen*

Den o.g. Bildreihen wird ein weiteres Symbol beigeordnet, nämlich nicht oder kein bzw. keine.

Bsp. 1: Der Junge malt.
   Der Junge malt nicht.
Bsp. 2: Das ist ein Auto.
   Das ist kein Auto.

☐ *Mehrzahlbildungen*

Die Einübung von Pluralformen erfolgt zumeist in Form von Dominospielen (z.B. „Wörterschlange").

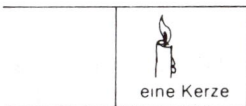	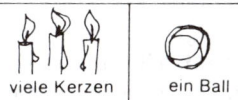	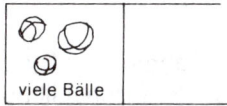
eine Kerze	viele Kerzen	ein Ball	viele Bälle

Auf eine weitere Darstellung von Einzelbeispielen soll an dieser Stelle verzichtet werden. Es geht um die Verdeutlichung eines Prinzips, nicht um die vollständige Abbildung in einem Dysgrammatikersprachprogramm. Sprachtherapie bei sprachentwicklungsgestörten Kindern sollte kein Grammatikunterricht sein. Eine Übersystematisierung ist zu vermeiden. Auf eine systematische Ausbaustufe zur Einübung von Perfekt-, Imperfekt- und Passivformen, komplizierten zusammengesetzten Sätzen usw. soll an dieser Stelle verzichtet werden. Dies heißt nicht, daß nicht im Einzelfall ein exemplarisches Einüben der o.g. Strukturen bedeutsam werden kann. Eine systematische Erarbeitung in der Therapiesituation empfiehlt sich aber bei sprachentwicklungsgestörten Kindern im Alter von 4 bis 10 Jahren aufgrund der vielen Ausnahmen von der Regel im Deutschen nicht. Hier ist auf den Deutschunterricht in den entsprechenden Altersstufen zu verweisen.

Ein weiteres, im Rahmen der Dysgrammatikertherapie häufig verwendetes Verfahren ist das *Versprachlichen von Bildgeschichten* (Bsp.: „Raconte"). Dazu wird eine bestimmte Anzahl von Situationsbildern in ungeordneter Folge vorgegeben. Die Aufgabe des Kindes besteht darin, zunächst eine sinnvolle Reihenfolge zu legen. Damit sind zugleich kognitive Anforderungen verbunden, indem die einzelnen Bildinhalte logisch zueinander in Beziehung gesetzt werden. Dann komentiert das Kind jedes Bild mit einem Satz bzw. mehreren Sätzen. Diese Sätze können dem o.g. systematischen Sprachaufbau entstammen oder spontan formuliert werden. Schließlich ist noch einmal der übergeordnete Kontext und Sinnzusammenhang zu benennen.

Variationen bestehen darin, daß mehrere logisch sinnvolle, aber voneinander abweichende Reihenfolgen möglich sind, oder durch ein offenes Ende die Kreativität des Kindes angesprochen wird.

Abschließend kann die Situationsabfolge von den Kindern gespielt werden (s. Rollenspiel).

Medien und Hilfsmittel

Im Rahmen der Dysgrammatikertherapie sind vor allem optische Hilfen zur Veranschaulichung sowie Tonträgersysteme als Gedächtnisstütze gebräuchlich.

☐ *Visualisierung*

Durch Farb- und Formsymbole als Assoziationshilfen sollen Sprachstrukturen prägnanter hervorgehoben und veranschaulicht werden. Zu warnen ist jedoch vor zeichensystematischer Darstellungsperfektion. Zeichensysteme haben eine Anstoßfunktion und sollen nicht zu einer Metasprache ausufern, die schwieriger ist als das zu konkretisierende sprachliche Zeichensystem.
Neben den bereits genannten Gegenstands- und Situationsbildern sowie den Farbsymbolen bei der Artikelzuordnung sind u.a. folgende Veranschaulichungen gebräuchlich (dazu: *Homburg* 1981).

Bsp. 1: Kongruenzregelung in der 3. Person Präsens durch Platzhalter und t-Laut

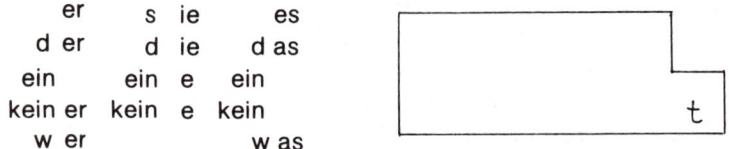

Bsp. 2: Zuordnung von Wort und Stein in Klotzreihen (Platzhalterfunktion)

Der Junge spielt mit dem Ball.

Das Kind zeigt auf das betreffende Klötzchen und spricht dazu. Dadurch werden Satzverkürzungen unmittelbar offensichtlich. Bei Fehlbildungen zeigt der Therapeut auf das betreffende Klötzchen.

Bsp. 3: Verdeutlichung hierarchischer Strukturen durch Satztaschen (*Homburg* 1981, 279).

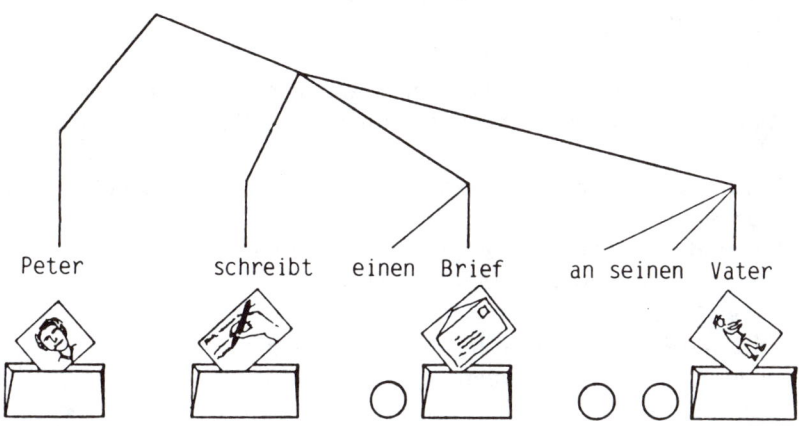

Durch die Einordnung von Bildkarten in die Satztaschen lassen sich unterschiedliche Sätze strukturgeleitet erzeugen.

☐ *Technische Geräte*

Von den bereits im Rahmen der Artikulationstherapie genannten Geräten sollen noch einmal der Language Master und das Tonbandgerät hervorgehoben werden.
Beim *Language Master* können durch das Aufstecken von Bildkarten Assoziationshilfen zur abgespielten Lautsprache sowie über den Hörvergleich von Lehrer- und Schülerspur Differenzierungshilfen bei impressiven Schwächen gegeben werden.
Von den vielfältigen Einsatzmöglichkeiten des *Tonbandgerätes* soll auf das „reduzierte Unterrichtsgespräch" (*Zuckrigl* 1964) verwiesen werden, bei dem ausgewählte Äußerungen der Schüler zu einem Text von 3 bis 4 Minuten zusammengestellt werden.

Spiele und Materialien

Bei den nachfolgenden Sprachspielen handelt es sich um Bildmaterialien, die als Sprechanlaß für spontan formulierte oder vorstrukturierte Sätze herangezogen werden können.

105

- Spiele für Dysgrammatiker (Selbstverlag Sprachheilzentrum Ravensburg)
  Folge 1: Präpositionen
  Folge 2: Bildkarten zum Satzaufbau
  Folge 3: Fragesätze
  Fotoserien zum Sprachaufbau
- Satzbauspiele 1, 2, 3 (Huesmann + Benz Verlag, Rielasingen)
- Raconte: 55 Bildergeschichten (Huesmann + Benz Verlag, Rielasingen)
- Wir wollen gute Sätze bauen; 1, 2, 3, 4/ 1, 4/ 2 (Jugend und Volk, Wien/ München)
- Leg und sprich (Jugend und Volk, Wien/ München)
- Das Bilder-Sprachbuch (Verlag G. Dokter HG, Weißenthurm)
- Bilder-Sprach-Geschichten (Verlag G. Dokter HG, Weißenthurm)
- Fritz und Franz (Jugend und Volk, Wien/ München)
- Bildermix zum Sprechenlernen (Selbstverlag Giselher Gollwitz, Kanalstr. 12, 8421 Poikam)
- Tiergeschichten zum Sprechenlernen (Selbstverlag Giselher Gollwitz, Kanalstr. 12, 8421 Poikam)
- Wörterschlange (O. Maier Verlag, Ravensburg)
- Üben und Können – Sprachtraining (Dürrsche Buchhandlung, Bonn / Bad Godesberg)
- Sprechspiele (Neckar-Verlag, Villingen)

4.2.2.4. Pragmatik/Kommunikation

Vorbemerkungen und Prinzipien: Das oberste Ziel jeglicher Sprachtherapie bezieht sich auf die Möglichkeit zur Verwendung situativ variierender Sprachmuster in Alltagssituationen, die sogenannte *kommunikative Kompetenz.* Die bisher genannten Übungen zur Artikulation, Begriffsbildung und Dysgrammatikertherapie ordnen sich in diese übergeordnete Leitvorstellung ein.

Zu beachten ist, daß die kommunikative Kompetenz keine absolute Größe ist. Sie hängt nicht nur von dem betreffenden Menschen, sondern auch von seinen Gesprächspartnern ab und ist letztlich in jeder Interaktionssituation wieder neu zu erwerben. Die Befähigung zum aktiven Sprachgebrauch ist dabei weniger durch eng umgrenzte Kommunikationsübungen zu erreichen. Vorrangig ist sie *allgemeines Prinzip* beim sprachtherapeutischen Vorgehen durch die stete Betonung der

Sprachverwendung (Bsp.: Dysgrammatikertherapie). Darüber hinaus ist der bevorzugte Einsatz bestimmter *methodischer Hilfsmittel* möglich. Im Rahmen der Kommunikationsförderung hat hier das *Rollenspiel* mit seinen Unterformen eine besondere Bedeutung erlangt.

Im „Rollenspiel als Methode sprachlichen und sozialen Lernens" (*Kochan* 1974) soll Wirklichkeit durchschaubar gemacht und rekonstruiert werden. Die Einübung und Distanzierung von bestimmten sozialen Rollen vermag dabei mit der Lösung eigener Probleme einherzugehen (Katharsiseffekt). Durch ihre sozialisierende Funktion kann sie zum Aufbau individueller Handlungsfähigkeit beitragen. Dabei erweisen sich sprachliche und soziale Kompetenzen als Einheit.

Die Erweiterung der sprachlichen Kompetenz durch Rollenspiele zielt darauf ab,

– zunächst überhaupt zum spontanen Sprechen anzuregen
– bestimmte Satzmuster, Dialogschemata und kommunikative Sprechakte einzuüben.
– partnerbezogene Redeformen und Gesprächsstrategien zu entwickkeln.

Dazu ist es zunächst notwendig, bestimmte *Voraussetzungen* zu erarbeiten, die sich auf die Beobachtungs- und Merkfähigkeit, Benennung von Gegenständen und Satzbildung, aber auch auf soziale Grundqualifikationen des Einhaltens frei vereinbarter Spielregeln richten. Aus dem umfangreichen *Zielkatalog* sollen zunächst die Bereiche akzentuiert werden, die sich auf die Sprache i.e.S. beziehen:

☐ *verbale Kommunikation* – Den Sprachgebrach nach situativen Anforderungen variieren können
– Gefühle verbalisieren
– Zuhören können
– Die Meinung des anderen verstehen und tolerieren
– Sich in der eigenen Argumentation auf den anderen einstellen können

☐ *nonverbale Kommunikation*
– Tonfall, Gestik, Mimik und Körperhaltung situativ variieren
– Den Körperausdruck des anderen wahrnehmen und richtig deuten

☐ *Interaktion*
– (Sprach-) Handlungen gegenseitig aufeinander abstimmen und beziehungs mäßig einordnen.

Das Rollenspiel vermag dabei zur Konfliktbewältigung individueller und sozialer Probleme beizutragen. Im *Psychodrama* werden persönliche Probleme wiederbelebt und im Spiel therapeutisch verarbeitet, indem die eigene Rolle dargestellt wird (*Moreno* 1959). Im *Soziodrama* erfolgt eine gemeinsame Verarbeitung in der Gruppe. In beiden Fällen wird eine Doppelfunktion von Diagnose und Therapie ausgeübt: was beim Kind eine psychische (Re-)Organisation bewirkt, ist für den Beobachter Hinweis zur genaueren Problembeurteilung.

Didaktisch-methodisches Vorgehen

Die Förderung der Kommunikationsfähigkeit durch Nachempfindung sozialer Handlungsfelder in der Therapiesituation überschneidet sich mit Übungen zum rhythmisch-melodischen Empfinden (Kap. 4.2.1.3.) und Sozialverhalten (Kap. 4.2.1.5.). An dieser Stelle erfolgt eine Betonung (pragma-)linguistischer Aspekte innerhalb eines umfassenden Gesamtkontextes interaktionaler Beziehungsmuster.

Dabei werden zum einen spezifische Formen des sprachbezogenen Rollenspiels genannt, zum anderen Möglichkeiten der Verbindung sprachlicher und psychologischer Beeinflussung am Beispiel des Handpuppenspiels behandelt. Abgesehen von der Einübung bestimmter Dialogschemata (z.B. Begrüßungsrituale) sollte generell für die Antworten der Kinder keine normative Grammatik als Maßstab herangezogen werden, um die Spontaneität nicht zu unterbinden. Analog zum alltagssprachlichen Gebrauch erfolgt ein Verzicht auf perfekte vollständige Sätze (falsch: „Sprich im ganzen Satz"). Statt einer stereotypen Anwendung unnatürlicher Satzmuster werden sogenannte Ellipsen, d.h. unausgeformte Antworten und Halbsätze akzeptiert. Dies kann in Form einer allgemeinen *Gesprächsförderung* durch das
– Erzählen von Erlebnissen,
– Nacherzählen von Geschichten, Märchen, Sagen usw.,
– Versprachlichen von Bildgeschichten,
– Fortsetzen von Geschichten
erfolgen, andererseits aber auch durch die Vorbereitung bestimmter Kommunikationssituationen spezifisch gelenkt werden.

(1) Ausgewählte Situationen, Stufen und Formen des sprachbezogenen Rollenspiels

Es empfiehlt sich hier, eine hierarchische Abfolge einzuhalten, bei der soziale Wahrnehmungsübungen an erster Stelle stehen.

☐ *Soziale Wahrnehmung*

Die richtige Einschätzung des Kommunikationspartners ist Voraussetzung für ein adäquates (Re-)Agieren. Damit wird auf nonverbale Bestandteile der Kommunikation eingegangen, deren Erkennen und Anwenden eine differenzierte soziale Wahrnehmung und das Einfühlen in die Situation des anderen (Empathie) voraussetzen. Möglichkeiten dazu bestehen in der
– *Pantomine* (Spiegelspiel, Empfindungen ausdrücken, Redensarten einzeln/ gemeinsam darstellen ..) und deren
– Versprachlichung (Beschreiben von Tätigkeiten ..) bzw. dem Beschreiben von Gegenständen („Ich sehe etwas, was *Du* nicht siehst".).

☐ *Kooperation und Solidarität*

Als „warming up" sind spezifische Kooperationsübungen („Mein rechter Platz ist leer, ich wünsche mir ... her") gebräuchlich. Wichtig ist das *Erleben der Gemeinsamkeit,* bei der Kommunikation nicht nur als linguistische Kategorie, sondern auch in ihrer sozial-emotionalen Bedeutsamkeit unmittelbar empfunden wird.
Bsp.: – Vorbereitung und Durchführung von Schnitzeljagden, Zielwanderungen, Staffelspielen usw.
– gemeinsame Grillfeste (hier: Einladung an die Eltern schreiben)

☐ *Bewältigung kommunikativer Anforderungen in Alltagssituationen*

Generell werden bei der Vorbereitung folgende Phasen bedeutsam:
(1) *Planung* der sprachlichen Mittel (evt. bestimmte Satzmuster anbieten) unter Beachtung des nonverbalen Kontextes (Mimik, Gestik ... Beziehungsgefüge)
(2) *Durchführung* des Rollenspiels selbst
(3) *Nachbesprechung* des Kommunikationsverlaufes aus der Sicht mehrerer Teilnehmer, wobei nicht nur die verwendeten Satzstrukturen, sondern auch der emotionale Kontext („Wie habt ihr euch gefühlt?") bedeutsam ist.

Beispiele für das gezielte Einüben von *Dialogschemata und Ritualen* sind
- Begrüßung und Verabschiedung
- Entschuldigungen
- Bitten und Danken
- Redewendungen zur Aufrechterhaltung und Stimulanz der Kommunikation („Wie schade!" „Ach so!")

Die Rekonstruktion von Alltagssituationen hängt vom jeweiligen Sprachstand des Kindes ab. Sie kann in stark gelenkter, vorstrukturierter Form, aber auch unter Ausnutzen der spontanen situativen Anforderungen erfolgen. Beispiele dafür sind
- Einkaufen
- Fahrkarten kaufen
- Verlaufen
- Telefonieren
- Einladungen
- Verkehrsunfall usw.

Bei entsprechender Vorbereitung ist ein Transfer in realitätsnahe Alltagssituationen im Sinne eines In-vivo-Trainings anzustreben.

(2) *Die Bedeutung des Handpuppenspiels im Rahmen einer psychosozialen Sprachförderung*

Viele sprachgestörte Kinder haben zusätzlich psychosoziale Schwierigkeiten. Das Handpuppenspiel als besondere Form des Rollenspiels bietet hier vor allem im Vorschulbereich einen ganzheitlichen Ansatz, der nicht nur kindgemäß und motivierend ist, sondern auch die Bereiche der Sprache, Psyche und Soziabilität gleichzeitig anspricht.

Wesentlich ist dabei das *Gemeinschaftsgefühl*. Es kann verstärkt werden, wenn die Puppen gemeinsam durch die Kinder, Eltern und den Therapeuten hergestellt werden. Die Puppen sind dabei für die Kinder kein toter Gegenstand, sondern Teil der kindlichen Realität. Es kommt zu einer Identifikation mit der Puppe, bevorzugt mit der Kasperfigur. Der Kasper spricht, nicht das Kind.

☐ *Sprachliche Komponente*

Durch den Spaß am Spiel wird zunächst die Redefreudigkeit erhöht (wichtig bei mutistischen Kindern). Im *reproduzierenden* Spiel erfolgt ein gemeinsames Sprechen bekannter Texte in Verbindung mit rhythmischen Bewegungen. Wichtig ist die Einbettung in ein Sachthema (Bsp.: Die Vogelmutter unterrichtet ihre Jungen). Korrekturen werden dabei im allgemeinen aufgrund der Identifikation mit der Puppe ohne Frustationen aufgenommen. Wenn Kasper verbessert, wird das nicht als störend empfunden.

Im *produzierenden* Spiel wird ohne festgelegten Text frei gesprochen. Dies kann durch ein Nachspielen von bekannten Geschichten und Märchen, aber auch durch eigene szenische Darstellungen erfolgen. Dabei kann Sprache zur Hilfe bei der Bewältigung unverarbeiteter Probleme und Gefühle werden.

☐ *Psychosoziale Komponente*

Das Puppenspiel gibt Hinweise auf Probleme der Kinder. Im Spiel werden ureigenste Gefühle mitgeteilt. Es wird zum Ventil für Ängste und Konflikte. Durch die Rollenübernahme und Identifikation kann das Kind sich quasi verstecken und dadurch seine Ängste besser bewältigen, Hemmungen abbauen, Aggressionen ausleben und kanalisieren. In der Rolle des Kapsers als des aktiv handelnden Siegers begegnet das Kind den angstauslösenden Figuren der Hexe, des Zauberers und Krokodils und kann dadurch seine unbewußten Ängste besser verarbeiten. Die Puppe kann aber auch zum Aggressionsobjekt werden, auf das unterdrückte Affekte projiziert sowie verbal oder auch handgreiflich ausgelebt werden. In jedem Fall wird der Sprechende von sich selbst abgelenkt (wichtig bei stotternden und entwicklungsgehemmten Kindern). Nicht er selbst mit seinen Ängsten und Aggressionen spricht, sondern die Puppe. Es kommt zu einem therapeutischen Ausleben von Konflikten.

Medien, Materialien und Bücher

Bei der im Rahmen der Kommunikations- und Spielförderung wichtigen Phase der Nachbesprechung und Reflexion kann auf die Dokumentation über Ton- und/ oder Bildträger zurückgegriffen werden. Der Einsatz von *Tonband- und Videogeräten* kann hier eine wichtige Hilfestellung leisten. Dem unbestreitbaren Vorteil, daß durch die Möglichkeit zur nachträglichen Verdeutlichung wesentlicher Kommunikationsaspekte eine Aufarbeitung erleichtert wird, steht die Gefahr entgegen, daß die Spontaneität der Situation durch die Befangenheit der Teilnehmer verlorengeht.

Zur Kommunikationsförderung durch das Rollenspiel gibt es eine Vielzahl von Veröffentlichungen (u.a. *Kochan* 1975, *Shaftel* et al. 1976, *Ernst* 1976, *Wendlandt* 1977, *Kluge* 1981). Vorwiegend praxisorientiert unter Angabe von Spielen sind die Veröffentlichungen von
– Götte, Rose: Sprache und Spiel im Kindergarten. Weinheim 1977
– Freudenreich, Dorothea/ Größler, H./ Köberling, J.: Rollenspiel. Hannover [4]1980
– Seidl, Erna et al.: Rollenspiele für Grundschule und Kindergruppe. München 1976
Weitere Bücher und Materialien finden sich bei den Ausführungen zur Förderung des sozial-emotionalen Verhaltens (Kap. 4.2.1.5.). – Zum Einsatz des Rollenspiels im Unterricht soll auf die Reihe „Sachunterricht – sozialwissenschaftlicher Bereich" (Hrsg. P. Ackermann) aus dem Kösel-Verlag (München) verwiesen werden. Auszugsweise werden folgende Hefte genannt:
– Müller, G.: Soziales Lernen mit Schulanfängern. 1. Schuljahr
– Haas, E.F./ Schuler, G.: Zum Außenseiterproblem: behinderte und auffällige Kinder. 2./ 3. Schuljahr
– Boteram, N.: Die Familie als sozialer Erfahrungs- und Handlungsspielraum. 3./ 4. Schuljahr
– Freudenreich, Dorothea: Kooperation – Lernen durch Rollenspiele. 1.-4. Schuljahr

Exkurs: Einbettung der Sprachtherapie in spieltherapeutische Verfahren

Bei einem gemeinsamen Auftreten von Sprach- und Verhaltensbesonderheiten ergibt sich die Notwendigkeit der Ausweitung sprachtherapeutischer Arbeit. Wie bereits im Zusammenhang mit dem Einsatz des Handpuppenspiels in der Sprachtherapie beschrieben, wird dabei vom Ansatz her auf die seit langem bekannten „heilenden Kräfte im kindlichen Spiel" (*Zulliger* 1959) zurückgegriffen.
Im folgenden wird ein Konzept vorgestellt, das auf der Grundlage des gesprächstherapeutischen Ansatzes von *Rogers* (1972, engl. 1942) zuerst von *Axline* (1972, engl. 1947) formuliert und unter Hinzunahme lern- und handlungtheoretischer Prinzipien ständig weiterentwickelt wurde (*Schmidtchen* 1974, 1978, 1982). Bei der dabei entwickelten Spieltherapie soll psychisch gestörten Kindern geholfen werden, im Rahmen von Einzel- und/ oder Gruppensitzungen unter Verwendung von Spielzeug und Hilfestellungen des Therapeuten ihre Störung zu bewältigen.

Das Ziel der Therapie ist dabei weniger der isolierte Abbau einer Verhaltensbesonderung, „sondern vielmehr die ganzheitliche Befähigung des Kindes zur Selbstregulation" (*Hofer* 1984, 160). Diese allgemeine Richtlinie ist letztlich Ausdruck des von *Rogers* zugrundegelegten Menschenbildes, nach dem jeder Mensch fähig ist, seine Probleme selbst zu lösen. Dem Therapeuten kommt dabei eine assistierende Funktion zu. Als Zielsetzungen im einzelnen nennt *Schmidtchen* (1982, 21 f.):

- Durch *katharsisfördernde Maßnahmen* wird eine Spannungsentladung von verdrängten Impulsen angestrebt.
- In der *Erlebnisaktivierung* sollen Gefühle angesprochen und differenziert wahrgenommen werden.
- *Selbstregulierende Maßnahmen* sollen den Kindern helfen, eigene Wege zur Lösung ihrer Probleme zu finden.
- Die Förderung von *Bewußtmachungsprozessen* geht darauf ein, psychische und soziale Konflikte aufzudecken und sprachlich bewußt zu machen.
- *Problemlösungsorientierte Maßnahmen* beziehen sich auf Strategien, mit denen das Kind durch indirekte Hilfe befähigt werden soll, auftretende Konflikte situationsadäquat zu bewältigen.
- Die Förderung von *Wissenserwerb* geht auf die Fähigkeit ein, sich Regeln, Kenntnisse und Fertigkeiten im Spiel anzueignen.
- Die Förderung von *Sozialverhalten und sozialem Lernen* soll das Kind unterstützen, Ängste und Minderwertigkeitsgefühle abzubauen sowie selbstsicherer und offener aufzutreten.

Aus diesem Katalog möglicher Maßnahmen ist die individuelle Zielformulierung in Anlehnung an die speziellen Probleme des Kindes vorzunehmen. Die Intervention selbst wird im wesentlichen durch das Verhalten des Therapeuten beeinflußt. In Anlehnung an die 8 Prinzipien bei *Axline* (1972, engl. 1947) nennt *Schmidtchen* (1974, 47 f; ebenso 1980, 47 f) fünf *Merkmale des Therapeutenverhaltens*:

(1) Wachheit und Momentzentriertheit
(2) Ruhe und Zuversicht
(3) Regulation der Nähe   (a) psychische Nähe
                                    (b) räumliche Nähe
(4) nondirektives Verhalten (a) indirekte Reizkontrolle
                                    (b) Grenzsetzung
(5) Reflexion   (a) von Gefühlen
                                    (b) von Problemlösungsverhalten

Damit sind zum einen grundsätzliche Einstellungen angesprochen, aber auch Fragen der nonverbalen Kommunikation als Variable bei der Aufrechterhaltung von Beziehungen. Als Schwerpunkt wird Merkmal 4, d.h. das nondirektive Verhalten herausgestellt. Der Therapeut versucht dabei, sich möglichst wenig lenkend zu verhalten. Stattdessen sollen die Hauptaktivitäten beim Kind liegen. Das Kind darf selbst die Wahl des Spielzeugs vornehmen. Seine Aktivitäten werden erst dann eingeschränkt, wenn bestimmte Grenzen (Bsp.: physische Gewalt) überschritten werden. Dabei soll ein Verhalten des Kindes erreicht werden, das dieses unabhängig vom Lob des Erwachsenen als erfolgreich ansieht. Durch eine aufgabenimmanente Verstärkung wird ein höherer Generalisierungseffekt angestrebt.

Die methodische Aufgabe des Therapeuten besteht darin, auf möglichst indirekte Weise das Reizfeld vorzustrukturieren und die Spielsituation systematisch zu kontrollieren. „Der Therapeut verhält sich optimal nondirektiv, indem er auf die Interessen und Aktionen des Klienten so eingeht, daß er in unaufdringlicher Weise Reize so arrangiert, daß dem Klienten das Gefühl gegeben wird, er selbst habe das Problem allein gelöst" (*Schmidtchen* 1974, 56). Als Beispiel für ein antizipierendes Reizarrangement wird ein Vorgehen genannt, bei dem zunächst die Gestaltung des Spielzimmers durch eine bestimmte Vorauswahl der angebotenen Materialien einen hinlenkenden Effekt bekommt, und während des Spiels selbst beispielsweise ein fehlendes Puzzleteil in das Blickfeld des Kindes gelegt wird.

Es ist unbestritten, daß dadurch Erfolge erzielt werden können, die sich auf das Selbstwertgefühl des Kindes positiv auswirken. Andererseits besteht die Gefahr der indirekten Manipulation, indem eine komplementäre Situation der Hierarchie von Erwachsenem und Kind verschleiert und die angestrebte Offenheit hintergangen wird. Damit werden bestimmte *Grenzen und Kritikpunkte* der Konzeption erkennbar. Die Relativität nondirektiven Verhaltens wurde bereits genannt und im gesprächstherapeutischen Konzept zunehmend erkannt (*Schwab* 1980). Im Rahmen der Arbeit mit Kindern ergeben sich darüber hinaus zusätzliche Schwierigkeiten. Zunächst einmal ist das Verhalten im Kleinkind- und Vorschulalter sehr situationsabhängig. Habitualisierte Eigenschaften verfestigen sich erst später. Von daher ist die Indikation für eine Spieltherapie nicht immer eindeutig. Zudem verfügen Kinder selten über einen Leidensdruck und Störungseinsichten. Dementsprechend muß der Therapeut zur Mitarbeit motivieren.

Der zentrale Kritikpunkt besteht jedoch darin, daß nur mit dem Kind *selbst gearbeitet wird. Die klassischen Ansätze der Spieltherapie (Axli-ne* 1947, *Klein* 1959) sehen dies auch als ausreichend an. Die Ursachen des kindlichen Verhaltens liegen jedoch auch in der Umwelt, beispielsweise in der schulischen oder familiären Situation. Dementsprechend müßte auch auf die konkrete Lebensumwelt des Kindes Einfluß genommen werden. Von daher sollte eine Verbindung von Spieltherapie, Elternarbeit und familientherapeutischen Ansätzen vorgenommen werden.

4.3. Zur Arbeit mit den Eltern

„Lebt ein Kind in ständiger Kritik, lernt es zu verurteilen. Lebt ein Kind in Sicherheit, lernt es, an sich selbst zu glauben. Lebt ein Kind in Feindschaft, lernt es zu kämpfen. Lebt ein Kind in Furcht, wird es furchtsam usw." (*Ginott* 1969, 175).

4.3.1. Notwendigkeit, Selbstverständnis und Ziele

Wie bereits in Kapitel 3.2. ausgeführt, sind viele kindliche Sprachstörungen erst im familiären Kontext begreifbar und bedürfen somit der psychosozialen Intervention. Dies macht eine Ausweitung des therapeutischen Bezugsrahmens erforderlich, indem
- über den Therapieraum hinaus in der konkreten Lebenssituation dem sprachgestörten Kind Kommunikationsformen vermittelt werden, die ihm bei seiner individuellen Lebensbewältigung helfen,
- die Eltern mehr als bisher aktiv in die Therapie miteinbezogen werden, wobei neben Fragen der kindlichen Sprachanregung auch die familiäre Interaktion selbst bedeutsam werden kann,
- möglicherweise ein Zugang zu verursachenden oder aufrechterhaltenden Faktoren der Sprachstörung des Kindes gefunden wird, die in seiner Umwelt liegen.

Die Grundeinsicht ist, daß der Weg zur Verhütung und zum Abbau von kindlichen (Sprach-)Entwicklungsstörungen über die Primärerzieher des Kindes führt. Diese vor allem im Rahmen der Frühförderung immer deutlicher erkannte Priorität läßt *Speck* (1983, 13) von einer „Schlüsselfunktion der Eltern" sprechen.

Die damit verbundenen *Zielsetzungen* der Elternarbeit decken ein breites Spektrum ab. Sie reichen von der reinen Aufklärung und Sachinformation über die Einübung sprachanregender Verhaltensmuster bis zur

Diskussion über familiäre Erziehungsstile. Dementsprechend breitgestreut sind die Erwartungen an den Therapeuten und Berater. Als grundlegend erweist sich dabei die Beziehungsdefinition von Eltern und Therapeut. *Speck* (1983 a, 13 f) nennt dazu das
- *Laienmodell*, bei dem die Eltern einseitig dirigiert und letztlich unmündig gehalten werden,
- *Ko-Therapie-Modell*, bei dem die Eltern unter Anleitung des Therapeuten selbst tätig werden, durch die Übernahme einer Funktion als Pseudo-Therapeut jedoch in ihrer Elternrolle verunsichert werden können und u.U. zu Schuldgefühlen beim Ausbleiben von Erfolgen neigen,
- *Kooperationsmodell*, bei dem die Eltern als gleichberechtigte Partner angesehen werden und Elternarbeit im Sinne einer „partnerschaftlichen Erziehungshilfe" betrieben wird.

Auch eine derartige auf Solidarität und Kooperation basierende Elternarbeit ist in der Praxis nicht ohne Probleme (*Spörri* 1982, 1984). Sie kann zur Überforderung der Eltern und zu Frustrationen auf Seiten des Beraters beitragen. Sie bewahrt jedoch davor, sich auf den fragwürdigen Wert feststehender Verhaltensregeln in Elternratgebern zu verlassen. „Elternarbeit orientiert sich an dem konkreten, individuell vorliegenden Erziehungs- und Kommunikationsverhalten der Eltern" (*Motsch* 1983 a, 119). Statt eines einheitlichen, starr festgelegten Programms sind individuelle Hilfen erforderlich.

Dies beinhaltet eine hohe Flexibilität und Einfühlung von seiten des Beraters, der sich nicht auf bestimmte Gesprächstechniken verlassen sollte, sondern immer als Ganzheit, als Mensch wirkt. Wie bei der Zusammenarbeit mit dem Kind erweisen sich dabei das Selbstverständnis des Therapeuten und die wechselseitige Beziehung als grundlegend (s. Kap. 3.3.1. und 4.1.1.). „Die Persönlichkeit des Beraters, sein Menschenbild, die Beziehung zwischen Berater und Klient, sowie die ständige kritische Reflexion der Beraterrolle bilden den Rahmen und die Grundlage für den eigentlichen Beratungsprozeß. Diese Grundlagen kommen vor jeder 'Beratungstechnologie'" (*Bachmair* et al. 1983, 13).

4.3.2. Möglichkeiten des Vorgehens

Im folgenden werden drei Gesprächsformen ideltypisch unterschieden:
- das Beratungsgespräch mit dem Schwerpunkt auf dem Informationsaspekt

- das verstehende, personenzentriert ausgerichtete Gespräch
- das strukturierende, familientherapeutisch orientierte Gespräch

In der Praxis überschneiden sich die genannten Ansätze und ergänzen sich gegenseitig. In allen Fällen sollte noch vor Durchführung des Gesprächs beachtet werden, mit welcher *Erwartungshaltung* die Eltern kommen und wie die äußeren Bedingungen des *situativen Gesprächsrahmens* gestaltet sind.

Es ist ein Unterschied, ob die Eltern Hilfe und Verständnis bei persönlichen Problemen oder gezielte Informationen suchen. Soweit dies nicht durch den institutionellen Rahmen oder Gesprächsanlaß vorgegeben ist, sollte der Berater dies vorab mit den Eltern klären. Ansonsten besteht die Gefahr, daß die Eltern beispielsweise gezielte Handlungsanweisungen erwarten, jedoch auf eine nicht-direktive, mehr abwartende Gesprächshaltung des Beraters treffen (bzw. umgekehrt).

Einfluß auf das Gelingen eines Gespräches können ebenfalls die äußeren Bedingungen haben. Dazu gehören Fragen der

- Raumatmosphäre (Farbauswahl, Bildergestaltung, Möbilierung ...),
- Sitzordnung (erhöhter Schreibtisch versus runder Tisch, Anordnung der Sitzmöbel ...),
- Lichtverhältnisse (nicht geblendet gegen das Licht blicken),
- zeitlichen Bedingungen (Vermeidung von Zeitdruck, Absprache des zeitlichen Rahmens),
- statusbedingten Einschätzung (Kleidung, Sprachverhalten ...).

Nicht zu unterschätzen ist auch der *erste Eindruck* der Interaktionsteilnehmer voneinander, der eine prägende Bedeutung für die Beziehung haben und sich bis zum Vorurteil verdichten kann (Bsp.: äußere Erscheinung, Art der Begrüßung ..).

Übergreifende Vorbedingung für die Entwicklung einer *vertrauensvollen Beziehung* ist die *Offenheit* der Interaktionsteilnehmer. Sie ist Voraussetzung für jedes (Beratungs-)Gespräch.

4.3.2.1. Das informierende und anregende Beratungsgespräch

Die Weitergabe von Informationen gehört zu den täglichen Aufgaben von Sprachtherapeuten beim Umgang mit den Eltern. Dazu gehört nicht nur die Mitteilung von Formalitäten, Terminen usw., sondern auch die Darstellung fachlichen Wissens im Zusammenhang mit der Sprachstörung des Kindes.

Warnke (1983a) nennt dazu das *beurteilende* und *beschreibende* Gespräch. Es wird sich nicht immer vermeiden lassen, auf vergleichende Beurteilungen zurückzugreifen. Bei der Mitteilung der Diagnose sowie Fragen der Eltern zur Prognose wird dies auch erwartet. Andererseits besteht die Gefahr, daß wertende Äußerungen die Gesprächsbereitschaft und gegenseitige Verständigung blockieren. Von daher ist es wichtig, Sicherungen zum Verständnis in das Gespräch einfließen zu lassen, um Mißverständnisse zu vermeiden. Generell sollte möglichst viel an konkreten Beispielen erläutert und der übertriebene Gebrauch von Fachsprachen eingeschränkt werden. Wenn immer möglich, sollte eher auf beschreibende Gesprächsformen zurückgegriffen werden, die das Risiko beurteilender Gespräche umgehen und Mißverständnisse reduzieren. Dabei werden wahrnehmbare Verhaltensformen in Alltagssprache am Einzelbeispiel erläutert. In beiden Fällen sollte das Sprachverhalten des Beraters Merkmale der verstehenden Gesprächsform mitaufnehmen.

Eine Sonderform der Informationsübermittlung bezieht sich auf *Anregungen zur Verbesserung des elterlichen Sprachmodells.* Dies wird weniger im Rahmen von Aufklärungsmaßnahmen auf Elternabenden oder im Ablauf der Beratungsstellenarbeit möglich sein. Günstiger sind kontinuierliche Hausbesuche (➤ mobile Dienste) und Mutter-Kind-Gruppen, da der gemeinsame Handlungsprozeß von Therapeut und Eltern im Vordergrund steht.

Ausgangspunkt der Überlegungen sind die bereits in Kapitel 4.1.1. genannten Untersuchungen zur kindlichen Sprachanregung. Dementsprechend werden vor allem im angloamerikanischen Raum (*Wyatt* 1973, *McConkey* et al. 1978, *Clezy* 1979, *McDade* 1981), in letzter Zeit aber auch von *Motsch* (1981, 1984) Therapieformen genannt, die eine verbesserte Anpassung des elterlichen Sprachniveaus an den jeweiligen Entwicklungsstand des Kindes zum Ziel haben. Die in der Mutter-Kind-Interaktion als sprachanregend beobachteten Verhaltensformen des *handlungsbegleitenden Sprechens* sowie der „korrigierenden Rückmeldung" (*Wyatt* 1973) werden den Eltern erläutert und an praktischen Beispielen mit Hilfe von Tonband- oder Videoaufnahmen eingeübt. Um die zu verändernden Verhaltensformen überschaubar zu machen, erfolgt zumeist eine Reduzierung auf ein bis zwei Merkmale des Sprachvorbildes, die dafür gezielt eingeübt werden. Die Eltern sollen dabei weniger bestimmte Sprechtechniken lernen, sondern primär verinnerlichen, wie wichtig Sprache überhaupt und ein bestimmtes Sprachvorbild für die kindliche Entwicklung ist. Im Vordergrund stehen keine Vor- und

Nachsprechübungen, bei denen das Kind lediglich papageienhaft imitiert, sondern das Versprachlichen von Alltagssituationen, das zur aktiven Verarbeitung von Sprache anregt. Das *Ziel* besteht darin, es den Kindern zu erleichtern, Zusammenhänge zwischen sprachlicher Symbolbildung und situativem Geschehen besser wahrzunehmen und zu verarbeiten.

Aus interaktonaler Sicht ist die hier angestrebte Erhöhung der Handlungskompetenz der Eltern beim Umgang mit ihren Kindern ein Schritt in die richtige Richtung. Andererseits sollte nicht verkannt werden, daß die Eltern letztlich in der Rolle von Ko-Therapeuten gesehen werden. *Spörri* (1982) weist in dem Zusammenhang darauf hin, daß durch die Übertragung von Verantwortung und die Verlagerung der Therapie in den familiären Bereich die Eltern häufig überfordert und unter Leistungsdruck gesetzt sind. Es können Insuffizienz- und Schuldgefühle ausgelöst werden, die zu einer Verunsicherung der Eltern-Kind-Interaktion führen. Zudem sind es gerade die emotionalen Beziehungsstrukturen in der Familie, die die Basis für das aktualisierte Sprachverhalten der Eltern ihrem Kind gegenüber darstellen. Es reicht also nicht, lediglich auf die verbalen Ausdrucksformen der Mutter-Kind-Interaktion einzugehen, wenn nicht die zugrundeliegenden Motive des Verhaltens aufgedeckt werden. Dies verweist auf die Bedeutung eines ergänzenden gesprächs- und familientherapeutischen Vorgehens.

4.3.2.2. Das verstehende, personenzentrierte Gespräch

Ein gesprächstherapeutisch orientiertes Vorgehen ist angezeigt, wenn die Eltern ein Problem haben und dies aussprechen möchten. Im Zusammenhang mit dem Aufgabenbereich primär sprachtherapeutisch tätiger Personenkreise sollte dabei keine tiefenpsychologische Behandlung, sondern ein pädagogisch einfühlsames Gespräch auf der Basis beiderseitigen Vertrauens angestrebt werden.

Dem zugrundegelegten Menschenbild der „Humanistischen Psychologie" in der Gesprächstherapie besteht Beratung dabei „aus einer eindeutig strukturierten, gewährenden Beziehung, die es dem Klienten ermöglicht, zu einem Verständnis seiner selbst in einem Ausmaß zu gelangen, das ihn befähigt, aufgrund dieser neuen Orientierung positive Schritte zu unternehmen" (*Rogers* 1972, 28). Dementsprechend wird dem Individuum die Möglichkeit zur Selbstgestaltung zugesprochen. Der Therapeut ist lediglich Helfer zur Selbsthilfe, der dem einzelnen bei diesem Prozeß unterstützend beisteht. Ein derartiges Selbstverständnis impliziert ein mehr abwartendes Verhalten, bei dem ein aktives Zuhören im Vordergrund steht. Nicht damit vereinbar sind Verhaltensformen des Anordnens, Verbietens, Ermahnens, der Überredung, Suggestion und vorschnellen Interpretation. Wie bereits in Kap. 3.3.2.4. dargelegt, sind wesentliche Eigenschaften des Therapeuten seine *Akzeptanz, Empathie* (einfühlendes Verstehen) und *Kongruenz* (Echtheit). Generell gilt, daß die Bereitschaft steigt, von anderen Rat anzunehmen, wenn man sich selbst angenommen und verstanden fühlt. Das *aktive Zuhören* nimmt dabei eine besondere Rolle im Beratungsgespräch ein. Es signalisiert Aufmerksamkeit, Interesse und Verstehen. Als Merkmale, die zur Erhöhung bzw. Beeinträchtigung der Gesprächsbereitschaft beitragen, wird ein Kompendium von verbalen und nonverbalen Signalen wirksam:

gesprächsfördernde Signale	gesprächsbeeinträchtigende Signale
– Kopfnicken	– Kopfschütteln
– körperlich zugewendet, freundlicher Blickkontakt, leicht vorwärts gelehnt	– körperlich abgewendet, Blick aus dem Fenster, rückwärts gelehnt mit verschränkten Armen; desinteressierter, abwesender Gesichtsausdruck
– verbale und mimische Bestätigungen: „ja", „mh", „genau"..	– Äußerungen wie „ach was", „nein aber" usw. bei strengem Tonfall
– motorisch ruhig, auf den Gesprächspartner zentriert	– unruhig umherlaufen, Flüstern mit Nachbarn, sich mit anderen Dingen beschäftigen (Schreibtisch aufräumen ..)

Beim subjektiven Erleben gesprächsfördernder Merkmale fühlen sich die Eltern bestätigt, reden weiter und sprechen offen über ihr Problem. Die Wirkung offensichtlichen Desinteresses zeigt sich dagegen in einer Verunsicherung der Eltern, die bis zum körperlichen Unwohlsein reichen kann (Erröten, Blässe, Verkrampfung, Schwitzen ..).
Die Aufgabe des Therapeuten besteht darin, Rückmeldungen zu geben, die zum Verstehen beitragen und das Gespräch aufrecht erhalten. Möglichkeiten dazu sind:
– sogenannte „Türöffner" (*Gordon* 1977, 62)
  Bsp.: „Möchten Sie mehr darüber erzählen?" „Das klingt, als ob es Sie berührt."

- das *Paraphrasieren,* bei dem eine Wiederholung oder Umschreibung des Gesagten mit eigenen Worten erfolgt.
  Bsp: Mutter: „Mein Mann und ich sind besonders beunruhigt darüber, daß Tina noch nicht normal spricht."
  Therapeut: „Sie meinen, daß Tina noch nicht wie andere Kinder in ihrem Alter spricht?"
  Hierbei besteht die Gefahr stereotyper, echohafter Wiederholungen, die routinemäßig als Technik verwendet werden. Wichtig ist der Einklang des Gesagten mit dem beiderseitigen subjektiven Erleben der Situation.
- das *Verbalisieren affektiver Erlebnisinhalte,* indem versucht wird, die Gefühle des Gesprächspartners widerzuspiegeln.
  Bsp.: Mutter: „Mein Mann und ich sind besonders beunruhigt darüber, daß Tina noch nicht normal spricht."
  Therapeut: „Sie sind besorgt darüber, daß Tina noch nicht wie andere Kinder in ihrem Alter spricht."
Hier besteht die Gefahr der vorschnellen Interpretation, so daß der Therapeut sich erst dann dazu äußern sollte, wenn er die Eltern näher kennt.

Am Ende des Gesprächs oder nach längeren Abschnitten hilft eine kurze *Gesprächszusammenfassung* zur Ordnung der Gedankengänge. Sie betont das Wesentliche des Gesprächs und dient der Rückversicherung, inwieweit Eltern und Therapeut zu gleichen Ergebnissen gekommen sind.
Häufig erwarten die Eltern am Ende eines Problemgesprächs eine Lösung. Der Therapeut sollte dabei versuchen, subjektive Lösungen durch die Eltern selbst formulieren zu lassen. Belehrungen sind zu vermeiden. „Einen eigenen Ratschlag wird der Therapeut nur geben, wenn er sich sicher ist, daß sein Ratschlag relevant ist, die Eltern sich nicht selbst helfen können und sie bereit sind, den Rat anzunehmen" (*Warnke* 1983, 222).
Trotz aller genannten Vorteile hat das gesprächstherapeutische Vorgehen auch prinzipielle Grenzen. Nicht nur in der Hinsicht, daß nicht jeder vom Persönlichkeitstypus diese Art des Vorgehens gestalten kann (s. Kap. 4.1.1.). Ebenso bedeutsam ist , daß durch die Zentrierung auf das Individuum die soziale Eingebundenheit des Ratsuchenden in seine Herkunftsfamilie kaum berücksichtigt wird. Die ganzheitliche Erfassung und Umgestaltung der personalen Situation setzt u.U. eine Änderung des familiären Kontextes voraus. Dies verweist auf die Notwendigkeit eines begleitenden familientherapeutischen Vorgehens.

4.3.2.3. Das strukturierende, familientherapeutisch orientierte Gespräch

Die *theoretische Grundannahme* der Familientherapie besteht darin, daß nicht von einer Pathologie des Individuums, sondern von einer Pathologie der Beziehung ausgegangen wird (*Watzlawick* et al. 1969). Probleme, die sich beim einzelnen zeigen, werden damit erst im Kontext der jeweiligen Umweltbeziehungen begreifbar – und veränderbar. Ein abweichendes Verhalten wird weniger als individuelle Störung, sondern als Ausdruck gestörter emotionaler Beziehungen gesehen. Der einzelne kann dabei zum Symptomträger pathologischer Familienstrukturen werden.

Bsp.: Der vierjährige Johann ist das letztgeborene Kind in einer Familie mit zwei älteren Töchtern. Die Mutter wünschte sich einen Jungen, verzärtelt Johann, begünstigt ihn gegenüber seinen Schwestern und spricht mit ihm in einer Babysprache, wie sie nur beim Umgang mit Säuglingen üblich ist.
Der Vater, der kein drittes Kind haben wollte, betrachtet Johann als Rivalen, lehnt ihn offen ab und verhält sich ihm gegenüber ambivalent. Die Mutter fühlt sich alleingelassen, sucht Halt in ihrem jüngsten Kind und fixiert dieses geradezu in der Rolle des Kleinsten, dem sie alle Liebe geben will. Die Ehe der Eltern wird zunehmend belastet.
Der Junge schließlich merkt, daß er mit seiner Babysprache, die sich im Alter von 4 Jahren als multiples Stammeln manifestiert hat, besonders viel erreichen kann und sieht keine Veranlassung, sein Sprachverhalten zu ändern.

Aus dem genannten Beispiel wird deutlich, daß das *therapeutische Vorgehen* in diesem Fall nicht nur beim einzelnen ansetzen kann, sondern eine Veränderung der Rollen- und Dominanzverhältnisse in der Familie erforderlich macht. Erst nach der Aufdeckung des interaktionalen Gefüges im dialoggestörten Bezugssystem und einer Aufarbeitung familiärer Konflikte ist es möglich, mit dem einzelnen Kind sprachtherapeutisch zu arbeiten.
Innerhalb der Familientherapie haben sich dabei verschiedene Richtungen gebildet. Aus *psychoanalytischer Sicht* (z.B. *Richter* 1969, 1972; *Stierlin* 1975, *Steffen* 1979, *Dührssen* 1981) steht die biographische Anamnese im Vordergrund, bei der über die Aufdeckung von prägenden

Kindheitserlebnissen (bzw. Lebenssituationen) und die Erfahrungen in der eigenen Herkunftsfamilie gearbeitet wird. So gilt es beispielsweise, den Teufelskreis von Verhaltensformen, die von einer Familiengeneration zur nächsten weitergegeben werden, bewußt zu machen und zu durchbrechen. Häufig internalisieren dabei Kinder Verhaltensweisen ihrer Eltern, obwohl sie diese ablehnen.

Bsp.: Ein Sohn zieht ungewöhnlich früh von zu Hause aus, weil er das autoritäre, aggressive Verhalten seines Vaters ablehnt. Als er selbst Kinder hat, verhält er sich in Streßsituationen genauso wie einst sein Vater, obwohl er dessen Verhalten abgelehnt hat.

Davon etwas abgesetzt sind *entwicklungsorientierte (Satir* 1973) und *strukturelle (Minuchin* 1983, *Haley* 1977) Modelle, bei denen die Familienrekonstruktion zum zentralen Element wird. Die Familie wird dabei nicht als statische Größe, sondern in ständiger Veränderung ihrer Ganzheit gesehen. Der Familientherapeut lenkt diese Veränderung in eine bestimmte Richtung. Am Anfang steht dabei eine Phase der schöpferischen Unruhe. Es wird eine Krise herbeigeführt, um eigene Kräfte zur Bewältigung freizusetzen. „Der strukturelle Ansatz sieht die Familie als einen Organismus, als ein komplexes System, das seine Möglichkeiten nicht ausschöpft. Der Therapeut erschüttert die bestehende Homöostase und schafft Krisen, die das System in die Richtung einer besser funktionierenden Organisation drängen" (*Minuchin/Fishman* 1983, 98). Dies erfolgt durch die Neustrukturierung eines feststehenden Weltbildes, indem andere Einstellungen zu bestimmten Problemen und damit Lösungsmöglichkeiten aufgezeigt werden.
Ein derartiges Vorgehen kann bis zur *paradoxen Intervention (Watzlawick* 1974, 1977, 1983) reichen, bei der eine Umdefinition von Perspektiven und Ereignissen des Alltagsgeschehens erfolgt.

Bsp.: „Als die Herzogin von Tirol, Margareta Maultasch, im Jahr 1334 die Kärntner Burg Hochosterwitz, die hoch über dem Talboden einen steilen Felskegel krönt, einschloß, war es ihr klar, daß die Festung nicht im Sturm, sondern nur durch Aushungerung bezwungen werden könne. Im Laufe der Wochen wurde die Lage der Verteidiger dann auch kritisch, denn ihre Vorräte waren bis auf einen Ochsen und zwei Sack Gerste aufgebraucht. Doch auch Margaretas Lage war inzwischen schwierig geworden: die Moral ihrer Truppen verlotterte, das Ende der Belagerung war nicht abzusehen. Zudem hatte sie sich noch andere, vielversprechende militärische Ziele gesetzt. In seiner Zwangslage entschloß sich der Verteidiger der Burg zu einer Kriegslist, die seinen eigenen Leuten selbstmörderisch erscheinen mußte; er befahl, den letzten Ochsen zu schlachten, seine Bauchhöhle mit der verbliebenen Gerste vollzustopfen und ihn dann über die steile Felswand auf eine Wiese vor das feindliche Lager hinunterzuwerfen. Wie erhofft, überzeugte diese höhnische Geste Margareta von der „Zwecklosigkeit", die Belagerung fortzusetzen, und sie zog ab" (*Watzlawick* et al. 1974, 9).

Die Aufgabe des Therapeuten besteht darin, grundsätzlich andere Sichtweisen aufzuzeigen und Initator für neue Erfahrungen zu werden, die der einzelne sonst nicht gehabt hätte. Vergleichbar ist dieses Vorgehen mit den aus der Wahrnehmungspsychologie bekannten „Kipp- und Umschlagsbildern" (s. Abb. 10).

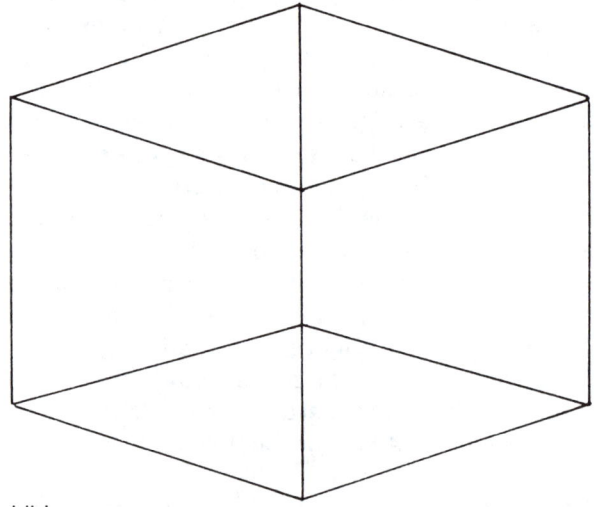

Abb. 10: Kippbild

Je nachdem , ob vermehrt auf die Flächen- oder Raumwirkung geachtet wird, erscheint das Bild als Sechseck oder als Würfel.
Analoge Erscheinungen lassen sich auch bei der Beurteilung sozialer Wahrnehmungsprozesse beobachten, wenn das „schlagartige" Erkennen eines anderen Kontextes zu einer Neubewertung der Situation bzw. des Kommunikationspartners führt, dessen Wesensmerkmale nun in einem anderen Licht erscheinen.

Wie bereits im Zusammenhang mit der Spiel-, Gesprächs- und letztlich auch Sprachtherapie ausgeführt, wird es für den einzelnen Therapeuten nicht darum gehen, bestimmte Konzepte original zu übernehmen, sondern im Sinne einer Methodenkomplexion die ihm eigene Art der Therapie zu finden, hinter der er als Person voll steht. Übergreifend für alle Arten des Vorgehens bleibt jedoch festzuhalten, daß der Berater nicht *für* die Eltern Probleme lösen, sondern nur gemeinsam *mit* den Eltern versuchen kann, Lösungskonzepte zu reflektieren. Primär ist dabei eine Aktivierung von Selbstgestaltungskräften bei den Eltern, damit diese ihr Problem eigenverantwortlich selbst lösen. Der Therapeut versteht sich gleichsam als Katalysator, der eine konstruktive problemlösende Kommunikaton initiiert und sich dann selbst überflüssig macht.

Für den primär sprachtherapeutisch ausgebildeten Berater werden sich hier – ebenso wie bei der Gesprächstherapie – prinzipielle Grenzen zeigen. Aufgrund seiner Ausbildungsschwerpunkte wird er überfordert sein, im eigentlichen Sinne gesprächs- oder familientherapeutisch vorzugehen. Das ist auch nicht unbedingt erforderlich. *Tausch /Tausch* (1981) verweisen nicht ohne Grund auf die Bedeutung von Laienhelfern. Schon die Aussprache über ein Problem kann hilfreich und entlastend sein. Durch aufmerksames Zuhören kann eine Katharsis eingeleitet werden, die zu einer Veränderung beiträgt. Dieser Vorgang braucht sich nicht auf das Gespräch mit einzelnen oder einer Familie zu beschränken. Auch die Arbeit mit Elternselbsthilfegruppen kann zur Solidarität und emotionalen Entlastung beitragen (*Spörri* 1983, *Hardmeier/Katz – Bernstein* 1984).

4.3.3. Schwierigkeiten und Grenzen

Die bisher aufgezeigten Möglichkeiten zur Durchführung von Elternarbeit bei sprachauffälligen Kindern dürfen nicht zu der Annahme führen, daß diese eindeutig methodisch „machbar" ist. Bei der Arbeit mit Eltern ergeben sich immer wieder
– Schwierigkeiten bei der praktischen Realisierung,
– prinzipielle Grenzen aufgrund der ökonomischen, ökologischen und soziokulturellen Rahmenbedingungen.
Es muß gesagt werden, daß bei durchgängiger Bejahung des Ansatzes die Elternarbeit in der Sonderpädagogik mehr Anspruch als Wirklichkeit darstellt. Von daher sollte von übersteigerten Erwartungshaltungen Abstand genommen werden.

Zunächst ist sicherzustellen, daß die Eltern überhaupt *zur Mitarbeit* bereit sind. Dies ist nicht immer der Fall, da die Eltern die Notwendigkeit teilweise nicht einsehen („Mein Kind ist sprachgestört und nicht ich"), eher zu einer Haltung des Abgebens an die Verantwortung des Therapeuten neigen, die Ansprache des Therapeuten als Eingriff in ihren persönlichen Bereich empfinden oder aufgrund schichtspezifischer bzw. persönlichkeitsbedingter Barrieren prinzipiell überfordert sind. Gerade in unteren Sozialschichten, in denen häufiger mit einer Mitverursachung der Sprachstörung des Kindes durch die Umweltsbedingungen zu rechnen ist, ist die Mitarbeit der Eltern gering (*Bronfenbrenner* 1974, *Kautter/Klein* 1982).

Auch bei einer geglückten Kontaktaufnahme ergeben sich Schwierigkeiten bei der Durchführung der Elternarbeit. An den *Therapeuten* in seiner Beraterfunktion werden hohe Anforderungen gestellt, die sich nicht nur auf sein Engagement und den zeitlichen Einsatz im Rahmen eines vielfältigen Aufgabengebietes beziehen, sondern auch seine psychische Substanz berühren können. Allein die Grenzen der Belastbarkeit werden eine intensivere Elternarbeit im Zusammenhang mit der Betreuung aller sprachgestörten Kinder nicht ermöglichen.

Die *Eltern* sind ebenfalls in hohem Maße gefordert. Gezielte Fördermaßnahmen mit dem Kind erfordern nicht nur eine bestimmte Einstellung, sondern zumeist auch einen erhöhten zeitlichen Einsatz, der neben dem Beruf und/oder der Versorgung des Haushaltes mit mehreren Kindern zu leisten ist. Nehmen die Eltern diesen Einsatz auf sich, so kann es zur Verunsicherung kommen, wenn sie sich für die Erfolge ihrer Kinder verantwortlich fühlen, immer wieder an die Sprachstörung ihres Kindes erinnert zu werden oder sich selbst und ihr Kind unter Leistungsdruck setzen und Schuldgefühle entwickeln. Es kann sich eine Diskrepanz entwickeln, das Kind einerseits uneingeschränkt anzunehmen, andererseits gezielt zu fördern (wie es sein sollte). Im Extremfall kann es zu einem Rollenverlust der Eltern kommen, die nicht mehr Eltern sein dürfen und das Kind immer mehr als Therapieobjekt ansehen (*Warnke* 1983). Dies kann mit schwerwiegenden Beeinträchtigungen der Eltern - Kind - Interaktion einhergehen, wobei die möglichen Auswirkungen auf die nichtbehinderten Geschwister nicht vergessen werden sollten.

Auf der Beziehungsebene von *Eltern und Therapeut* wiederum besteht die Gefahr der Frontenbildung und Parteinahme, wenn die Mutter erlebt, daß der Therapeut mit dem Kind besser umgehen kann als sie selbst. Hilfestellungen werden als implizite Kritik an den elterlichen Fähigkeiten aufgefaßt. Die Mutter fühlt sich u.U. in ihrer Rolle und als Person entwertet. Unterstützt wird dieser Vorgang, wenn Therapeut und Eltern aus deutlich unterschiedlichen Schichten stammen und dies als subjektiv distanzierend erlebt wird. Divergierende Wertvorstellungen und Erziehungspraktiken können den Aufbau einer tragfähigen Beziehung erheblich erschweren. Zu warnen ist schließlich vor *Entlastungsmechanismen:* Gelingt die Therapie, ist dies Ausdruck einer guten Anleitung der Mutter durch den Therapeuten. Mißlingt die Therapie, ist das ein Indiz für die Unfähigkeit der Mutter.

Neben den bereits wiederholt genannten statusbedingten Barrieren können sich schließlich *prinzipielle Grenzen* bei der Elternarbeit ergeben. Es ist zu beachten, daß das „Verhalten von Eltern gegenüber ihren Kindern nicht als eine isolierte Variable betrachtet werden kann; vielmehr ist das Elternverhalten eingebettet in einen größeren soziokulturellen Kontext und kann daher auch nur innerhalb dieses Rahmens beurteilt werden" (*Schneewind* 1983, 212). In vielen Fällen wäre ein ökologisches Eingreifen in die Umwelt des Kindes erforderlich, da erst die Verbesserung der sozialen und materiellen Lebensverhältnisse (Arbeitslosigkeit, Wohnbedingungen, Armut ..) den nötigen Freiraum für eine intensivere Beschäftigung der Eltern mit ihrem Kind bietet. Dabei reicht eine Hebung des durchschnittlichen Einkommens nicht aus, wenn nicht das zugrundeliegende Wertesystem der betreffenden Bevölkerungsschicht durchbrochen wird. Hier wiederum stellt sich die Frage, ob hier mittelschichtorientierte Normen als alleiniger Maßstab angenommen werden dürfen.

5. Zur Realisierung eines spracherwerbsbezogenen Vorgehens

5.1. Prinzipielle Überlegungen zur Strukturierung sprachtherapeutischer Praxis

Dem hier zugrundegelegten Selbstverständnis entsprechend sollte Sprachtherapie in Anlehnung an die natürlichen Bedingungen des kindlichen Spracherwerbs unter Zugrundelegung mehrdimensionaler und interaktionaler Merkmale gestaltet werden. Dies kann zum einen durch das spontane Ausnutzen situativer Sprechanlässe, zum anderen durch den gezielten Aufbau von (sprach-)entwicklungsfördernden Lernprozessen erfolgen. Dabei wird davon ausgegangen, daß durch die Kenntnis und Verinnerlichung lernfördernder Strukturmerkmale ein besseres Ausnutzen spontaner Therapieanlässe möglich wird.

Im folgenden sollen Strukturhilfen bei der gezielten Planung kurz-, mittel- und langfristiger Therapieverläufe dargestellt werden, die als übergeordnetes handlungstheoretisches Prinzip wirksam sind, aber auch bei der Binnenstrukturierung der einzelnen Therapieeinheit wiederkehren. Dazu erfolgt eine Systematisierung sprachtherapeutischer Interventionen durch eine Unterteilung in verschiedene Phasen:

(1) *Bestimmung der Ausgangsebene*

Die Förderung und Therapie eines sprachentwicklungsgestörten Kindes setzt eine möglichst genaue Kenntnis seines aktuellen (Sprach-)Entwicklungsstandes und des zugrundeliegenden Bedingungsgefüges der Störung voraus. Die damit angesprochene diagnostische Aufgabenstellung ist nicht als einmaliger Vorgang zu verstehen, sondern als ständige Auseinandersetzung im diagnostisch-therapeutischen Verlaufsprozeß . Es gilt jeweils herauszufinden, in welcher „Zone der nächsten Entwicklung" (*Wygotzki* 1977, 259) sich das Kind befindet, um darauf aufbauend gezielte Lernprozesse in Gang zu setzen.

(2) Zielformulierung

Die einzelnen Zielsetzungen der sprachtherapeutischen Interventions-maßnahmen orientieren sich an der jeweiligen Bedürfnislage des Kindes, die nicht nur durch die individuelle Fähigkeitsstruktur, sondern auch durch umweltbedingte Faktoren (Mitarbeit der Eltern, Wohn- und Schulverhältnisse, sozioökonomische Bedingungen usw.) beeinflußt wird. Im einzelnen ist eine Bestimmung der übergreifenden Zielsetzung sowie eine Spezifizierung nach Grob- und Feinzielen je nach Anforderung der jeweiligen Therapiesituation vorzunehmen. Die Formulierung von Zielen ist dabei ebenfalls Veränderungen unterworfen, die in Anpassung an die individuell vorgefundenen Lernvoraussetzungen erfolgen.

(3) Zerlegung in Teilschritte

Zur Realisierung der jeweiligen Zielvorstellungen ist eine Zerlegung in logisch aufeinander aufbauende Teilschritte erforderlich. Dies setzt voraus, daß der Therapeut einen Plan zur Strukturierung kurz-, mittel- und langfristig zu erreichender Verhaltensmerkmale erstellt und nach einer übergeordneten Strategie vorgeht.

(4) Durchführung der einzelnen Therapieeinheit

Die Planung und Realisierung der einzelnen Therapiesitzung wird beeinflußt durch die Stoffauswahl, die lern- und entwicklungspsychologischen Voraussetzungen des Kindes sowie den Therapeuten selbst. Die Aufgabe des Therapeuten besteht darin, die Therapiesituation möglichst so vorzustrukturieren, daß bestimmte sprachliche Äußerungen des Kindes geradezu zwingend notwendig werden. Neben dem gezielten Einsatz ausgewählter Materialien mit Aufforderungscharakter ist dabei das Sprachmodell des Therapeuten im Interaktionsprozeß von besonderer Bedeutung.

(5) Rückkoppelung und Kontrolle

Am Ende der jeweiligen Therapiesitzung stellt sich die Frage, inwieweit
– die einzelnen Ziele erreicht wurden,
– neue diagnostisch verwertbare Erkenntnisse gesammelt werden konnten,
– der Interaktionsprozeß von den Beteiligten erlebt wurde.

Aus den bisherigen Erörterungen wird das dynamische Verhältnis der genannten Therapiephasen zueinander deutlich. Diagnose und Therapie werden als einheitlicher Prozeß aufgefaßt. Dies ist im weiteren zu präzisieren.

5.2. Zum Verhältnis diagnostischer und therapeutischer Schwerpunkte im Interaktionsprozeß

Ganz allgemein gilt, daß eine Sprachstörung sich nur auf der Basis eines umfangreichen Wissens über die Lebenssituation des Betreffenden und seiner Familie individuell nachvollziehen und *verstehen* läßt. Die damit verbundene „idiographische Betrachtungsweise" (*Motsch* 1983 a) steht im Gegensatz zu einer vorschnellen, ungenauen und häufig stigmatisierenden Klassifikation, die wenig zum Verständnis der Störung beiträgt und keine therapeutischen Aussagen enthält.

Der diagnostische Prozeß soll dabei im Idealfall Belege über den aktuellen (Sprach-)Entwicklungsstand, das verursachende Bedingungsgefüge, den prozeßhaften Verlauf der Störung und die derzeit aufrechterhaltende Problematik enthalten. Vom Selbstverständnis her wird neben der Linguodiagnose die Bedeutung von Gesprächen, Erlebnisinterviews und strukturierten Beobachtungen von Interaktionssequenzen hoch eingeschätzt, um nicht nur etwas über die Störung des Sprachverhaltens an sich, sondern auch über die Lebensbedeutsamkeit für den Betreffenden und seine Familie zu erfahren. Das individuelle Störungserleben kann dabei für den einzelnen wichtiger sein als das „objektive" Störungsbild, indem die subjektive Bewertung der Situation zur Realität wird. Dadurch wird das gefühlsmäßige Erleben der Sprachstörung durch die Umwelt zu einem wesentlichen Faktor bei der Persönlichkeitsentwicklung.

Letztlich ist dazu eine Aufarbeitung der zugrundeliegenden Lerngeschichte im Sinne einer *biographischen Methode* (*Grohnfeldt* 1981, 1982) erforderlich, um die entwicklungs- und linguodiagnostisch erhobenen Daten in einen größeren Gesamtkontext einordnen zu können.

Damit im Zusammenhang steht ein diagnostisches Selbstverständnis, bei dem sich der Diagnostiker zunächst bewußt ist, daß er als Person im Interaktionsprozeß beteiligt ist. Von ihm hängt letztlich das Ergebnis teilweise mit ab. Dies verweist auf die Unmöglichkeit von absoluter Objektivität im Bereich menschlicher Beziehungen (*Kautter* 1982, 1983).

Zum anderen wird deutlich, daß ein derart verstandenes diagnostisches

Vorgehen nicht als einmaliger Vorgang ablaufen kann. Im Sinne einer *Förderungsdiagnostik* gibt es keine eindeutigen diagnostischen Daten, denen feststehende therapeutische Interventionsstrategien zugeordnet werden können. Diagnose und Therapie stehen in einem dynamischen Wechselverhältnis. Sie verstehen sich als Schwerpunkte in einem Interaktionsprozeß zwischen Kind und Erwachsenem, der prozeßhaften Veränderungen unterliegt.

Dies bedeutet, daß keine routinemäßige Abfolge von Therapieverfahren im Sinne eines Programms möglich ist. Im Verlaufe der Therapie selbst erfolgt auf der Grundlage der sich ständig verändernden Situation und neuer diagnostischer Erkenntnisse eine permanente Überprüfung und mögliche Veränderung der Ziele sowie des didaktisch-methodischen Vorgehens. Durch die ständige Verlaufskontrolle wird ein auf die individuelle Bedürfnislage des Kindes abgestimmtes Verhalten angestrebt.

5.3. Die Auswahl geeigneter Verfahren

Die Realisierung eines mehrdimensionalen Konzepts steht vor der Schwierigkeit, die einzelnen Maßnahmen nicht additiv ohne übergreifende Gesamtschau aneinanderzureihen. Während bei der isolierten Sprachtherapie die Gefahr einer Oberflächennivellierung durch kurzfristige Symptomkorrektur ohne Förderung der basalen sensomotorischen Grundvoraussetzungen besteht, kann mehrdimensionale Förderung zur unspezifischen Breitbandmaßnahme werden, wenn keine gezielte Einflußnahme auf die schwerpunktmäßig ausgewiesenen Störungsphänomene erfolgt.

Hinsichtlich der inhaltlichen und methodischen Gestaltung der einzelnen Therapieeinheit sind dazu eine Vielzahl von Verfahren genannt worden. Es ist selbstverständlich, daß nicht alle diese Verfahren jeweils eingesetzt werden können oder sollen. Von daher ergibt sich die Fragestellung, nach welchen Kriterien die Auswahl und individuelle Abfassung der Gesamtkonzeption erfolgt.

Wesentliche Hinweise leiten sich bereits aus den im förderdiagnostischen Prozeß gesammelten Erkenntnissen ab. Darüber hinaus werden aber auch weitere Variablen wirksam, die die Strukturierung sprachtherapeutischer Praxis beeinflussen können. Im einzelnen handelt es sich dabei um Bereiche, die das Kind, den Stoff und den Therapeuten (das didaktisch-methodische Dreieck), aber auch die äußeren Rahmenbedingungen der jeweiligen Therapiesituation betreffen (s. Abb. 11).

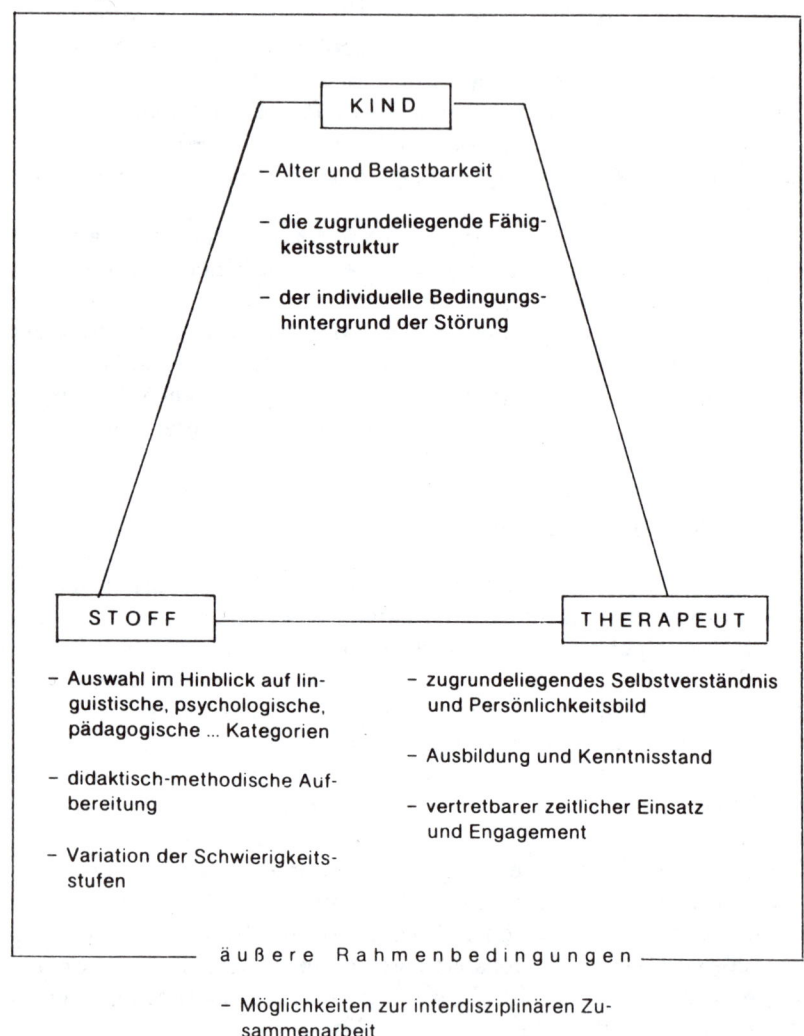

- Möglichkeiten zur interdisziplinären Zusammenarbeit

- Ausstattung mit Materialien, Medien usw.
  am Arbeitsort

- Fähigkeit und Bereitschaft der Eltern zur
  Mitarbeit

Abb. 11: Didaktisch-methodisches Dreieck der Sprachtherapie

Die Vielzahl an möglichen Varianten des Zusammenspiels der genannten Aspekte in der Praxis deutet schon an, daß für die Realisierung eines derartigen Konzepts keine allgemeingültigen Anleitungen gegeben werden können. Die Gewichtung der einzelnen Gesichtspunkte wird hierbei unterschiedlich sein und erfordert eine individuelle Entscheidung des Therapeuten. Die Verantwortung dem Kind gegenüber ist dabei maßgebliche Instanz.

Im folgenden werden dazu Fallbeispiele vorgestellt, die den Weg der Entscheidungsfindung und therapeutischen Einflußnahme anschaulich verdeutlichen sollen.

5.4. Kasuistik

Die meisten schriftlichen Ausarbeitungen zu einzelnen Therapiesitzungen weisen folgende Gliederung auf:

(1) Fallbericht (Anamnese, Diagnose)
(2) didaktisch-methodische Überlegungen
    (a) Inhalts- und Sachanalyse
    (b) methodische Fragen und Medienauswahl
(3) Verlaufsplanung der Therapieeinheit
(4) Nachbesinnung

Derartige Therapieentwürfe zu Einzelsitzungen sind auch unter Anleitung des Verfassers in der studentischen Ausbildung in großer Anzahl entstanden. Solche Einzelstunden lassen sich bei der Kenntnis der bisherigen Kapitel des vorliegenden Buches – auch – konstruieren. Sie sind zur eigenen Reflexion notwendig und haben den Vorteil der gezielten Planung, können aber dazu verleiten, gerade dadurch die Möglichkeit kausaler und finaler Einflußnahme auf allen Ebenen der sprachtherapeutischen Interaktion anzunehmen. Prozesse der Veränderung in allen Entwicklungsbereichen, die persönliche Gesamtsituation der Beteiligten und Fragen der persönlichen Beteiligung werden weitgehend ausgeklammert.

Bei den nachfolgenden Beispielen soll die einzelne Therapieeinheit nicht im Vordergrund stehen. Ihr Stellenwert ist immer nur im Rahmen des gesamten Therapieablaufs, innerhalb eines Ganzen richtig einzuschätzen. Die folgenden Ausführungen reduzieren sich damit nicht auf die Darstellung eines möglichst detaillierten Therapieentwurfes zu einer Einzelsitzung. Sie bezwecken eher, den Leser teilhaben zu lassen an dem Verlauf einer Sprachtherapie bei Kindern unterschiedlicher Altersstufen. Am individuellen Beispiel soll neben der Einmaligkeit auch das Allgemeine eines Störungsbildes erkennbar werden. Dabei steht das Kind mit seiner persönlichen Lebensgeschichte im Mittelpunkt.

Ein derartiges Selbstverständnis hat Auswirkungen auf die Art der Darstellung. Sie ist bewußt narrativ gehalten und zielt auf die Herausarbeitung biographischer Merkmale ab. Dies beinhaltet notwendigerweise subjektive Elemente. Andererseits erscheint dies angesichts der prinzipiellen Grenzen an Objektivität im diagnostisch-therapeutischen Interaktionsprozeß nicht nur legitim, sondern zuweilen auch – bei der notwendigen Reflexion – notwendig zu sein, um unterschwellige Motive und Verhaltensmerkmale ansprechen zu können.

Die Ausführungen gliedern sich dabei in Anlehnung an die in Kapitel 5.1. genannten Überlegungen zur Strukturierung sprachtherapeutischer Praxis in

- eine kurze Beschreibung des Erscheinungsbildes zum Zeitpunkt des Therapiebeginns und einige Hypothesen zum Bedingungshintergrund der Störung,
- eine Darstellung des Vorgehens und seiner prozeßhaften Veränderung im Rahmen der Therapie aufgrund neuer diagnostischer Erkenntnisse und geänderter Beziehungsstrukturen,
- eine Reflexion zum derzeitigen Erscheinungsbild und zu möglichen geplanten Maßnahmen.

Die Namen der vorgestellten Kinder sind aus Gründen des Datenschutzes geändert.

5.4.1. Frühphase: Martin

(1) *Vorgeschichte und diagnostische Ausgangssituation*

Martin wurde als drittes Kind eines mittelständischen Unternehmers in einer süddeutschen Kleinstadt geboren.

Nach einer komplikationslosen Schwangerschaft kam es in der 34. Woche zu einem vorzeitigen Blasensprung. Bei der anschließenden Früh- und Mangelgeburt (Geburtsgewicht 2030 g) gab es Komplikationen, die einen Sauerstoffmangel (Asphyxie mit Zyanose, Apgare-Score 4/ 7/ 8) auslösten und eine Aufnahme in der Intensivstation erforderlich machten. Am 3. Lebenstag kam es zu einer Hyperbilirubinämie, die durch einen Blutaustausch unter Kontrolle gebracht wurde. Auch nach der Ent-

lassung aus der Klinik nach 4 Wochen traten noch erhebliche Ernährungsprobleme auf, da Martin schlecht saugen konnte.
Der *frühkindliche Entwicklungsverlauf* war durch erhebliche Schwierigkeiten gekennzeichnet:

Motorik: Neben Retardierungen im Bereich der Grobmotorik (spätes Sitzen, Stehen, Gehen; keine Krabbelphase) waren vor allem Störungen der Feinmotorik, insbesondere der Fingerbeweglichkeit zu beobachten. Aufgrund insgesamt gestörter Bewegungsmuster und persistierender Reflexmuster erfolgte vom 5. bis 18. Monat eine krankengymnastische Behandlung nach Bobath.

Sensorik: Bei insgesamt intaktem Sehorgan und Gehör traten bereits frühzeitig Schwierigkeiten der optischen und vor allem akustischen Wahrnehmungsverarbeitung auf. Martin interessierte sich bis zum 11. Monat kaum für bewegte Gegenstände (*Boel*-Test) und konnte Geräusche schlecht einander richtungsmäßig zuordnen. Im Alter von 2,9 Jahren konnte er die ihm vertraute Tür- und Telefonklingel nicht unterscheiden.

Sprache: Bei erheblich verspätetem Sprechbeginn (erste Wörter mit 2,6 Jahren) sprach Martin zum Zeitpunkt des Therapiebeginns 4 Wörter: Mama, Papa, da (als Ausdruck des Begehrens), pepi (häufig benutzt bei variierender Sinnzuordnung). Der Eindruck der Eltern, daß ihr Kind nahezu alles verstehen könnte, mußte revidiert werden, da Martin viel aus dem nonverbalen Kontext (Gestik, Mimik, Blickrichtung) entnehmen konnte. Die impressiven Fähigkeiten und sein Sprachverständnis waren erheblich gestört.

Soziabilität: Martin hat wenig gleichaltrige Spielkameraden und wächst vorwiegend in der Familie auf. Hier verständigt er sich durch Gesten, zuweilen durch den Begriff „da" (s.o.) mit gleichzeitiger Handbewegung. Die Eltern und Geschwister gehen darauf ein, so daß Martin zur Kontaktaufnahme und Erfüllung seiner Wünsche nicht unbedingt Verbalsprache braucht.

Die *Eltern-Kind-Interaktion* wurde frühzeitig als belastend erlebt. Bis zum 8. Lebensmonat mußte Martin durchgehend alle 3 Stunden gefüttert werden. Auch heute schläft er noch nicht durch. Die Mutter klagt über seine erhebliche motorische Unruhe. Sie fühlt sich körperlich und psy-

seine erheblich motorische Unruhe. Sie fühlt sich körperlich und psychisch überfordert und zeigt ein ambivalentes Erziehungsverhalten. Dabei möchte sie ihren Kindern viel Liebe geben, schreit sie aber zuweilen hemmungslos an. Der Vater ist berufsbedingt zumeist abwesend und nimmt sich für die Sorgen und Nöte der Kinder und seiner Frau offensichtlich wenig Zeit. Die Mutter sucht nach Hilfe und möchte ihr Erziehungsverhalten ändern.

Aufgrund der vorliegenden Erhebungen, Gespräche und Beobachtungen wurde folgende *Eingangsdiagnose* gestellt:

Allgemeine Entwicklungsretardierung mit dem Schwerpunkt im impressiven und expressiven Sprachverhalten bei anamnestischen Auffälligkeiten und insgesamt belasteter Eltern-Kind-Interaktion.

(2) *Sprachtherapeutischer Verlaufsprozeß*

Aufgrund der diagnostischen Ausgangssituation erfolgte die Förderung in Form von *mobilen Diensten.* Eine pädagogisch geschulte Mitarbeiterin, die in ständigem Teamgespräch mit einem Arzt, Psychologen und Sozialarbeiter stand, führte zweimal wöchentlich Hausbesuche durch. Gelegentlich wurde eine Krankengymnastin hinzugezogen. Zum Zeitpunkt der dargestellten Therapie war das Kind 2,9 bis 3,3 Jahre alt.

Die generelle Leitlinie der Förderungsangebote bestand darin, über die Mutter auf das Kind einzuwirken und die Mutter selbst zu stützen. Die Mehrdimensionalität der Störung machte ein breitgefächertes Vorgehen erforderlich, durch das letztlich alle Entwicklungsbereiche angesprochen werden sollten. Am Anfang stand dabei die Intensivierung der Eltern-Kind-Interaktion, um Verständnis für das Kind und seine Situation zu wecken. Auch die augenblickliche und bisherige Lage der Mutter sowie die familiäre Gesamtsituation wurden eingehend besprochen, bevor mit dem Kind selbst Übungen durchgeführt wurden.

Die Zielsetzung zentrierte sich dabei zunächst darauf, bei Martin durch eine Förderung der Wahrnehmung (Hinlenkung der Aufmerksamkeit auf Gegenstände, Geräusche usw.) impressive Grundmuster zu legen, die als Basisvoraussetzung für die Begriffsbildung notwendig werden. In einem zweiten Schritt wurde die Verbindung von Gegenstand und Klangmuster (=Wort) geübt. Darauf baute sich der expressive Sprachgebrauch auf, der möglichst frühzeitig zum Ausdruck eigener Wünsche eingesetzt werden sollte.

Als *Beispiel* wird eine Therapiesequenz angeführt, bei der Martin einen

Verlaufsprotokoll: Wortschatzerweiterung zum Begriff „Auto"

Zeit Min.	geplanter Verlauf	didaktisch-metho-discher Kommentar	Medien
2'	Alle Teilnehmer sitzen im Kreis um ein großes Tuch, unter dem 4 Gegenstände versteckt sind. Nacheinander greifen die Teilnehmer unter das Tuch und betasten die Gegenstände	*Motivationsphase* -Konzentration und Sammlung -Lenkung der Aufmerksamkeit -taktil-kinästhetisches Empfinden -soziales Moment	Puppe, Ball, Teddybär, Spielzeugauto
3'	Jeder Teilnehmer nimmt einen Gegenstand unter dem Tuch hervor und benennt ihn. Der neue Begriff (➡Auto) wird besonders langsam gesprochen, rhythmisch unterstützt (Au-to) und mimisch - gestisch freudig begrüßt: „Oh ein Auto. Schau, ein Auto!"	*Assoziation:* Gegenstand-Wort Statt eines festgelegten Therapeutenverhaltens erfolgt eine spontan verstärkende „korrigierende Rückmeldung" je nach Äußerung des Kindes. Eventuell wird auf das Ablesebild hingewiesen.	s.o.
5'	Martin fährt mit dem Auto -frei und ungelenkt; nach einiger Zeit wird gleichzeitig eine Tonbandaufnahme mit dem vertrauten Geräusch des Autos der Eltern abgespielt („Horch das Auto brummt - brrr..")	spielerisches Hantieren *Assoziation:* Gegenstand - Geräusch	Tonbandgerät oder Language Master
	-gelenkt (Wechsel der Teilnehmer) „Das Auto fährt zu der Puppe" (usw.)	*Wiederholung* bereits erarbeiteter Wörter (Puppe, Teddy, Ball) und Hervorhebung des Begriffs „Auto" bei klanggerechter Einprägung.	

Zeit Min.	geplanter Verlauf	didaktisch-metho-discher Kommentar	Medien
4'	„Gebespiel" (vertraut und von Martin gern gespielt) -„Gib das Auto" -„Gib die Puppe".. Martin spricht dazu „Auto", „Puppe"..	*Sicherung* von bekannten und neu erarbeiteten Inhalten.	Puppe, Teddybär, Ball, Auto
1'	Martin bekommt das Auto geschenkt. Alle freuen sich und sprechen dazu.	Das Schenken von Gegenständen zur *Verstärkung* neu erarbeiteter Begriffe ist nicht immer möglich und sollte auch bewußt vermieden werden. Gegenstände, die versprachlicht wurden und Martin bereits gehörten, wurden auf Anregung der Mutter ebenso wie neue Gegenstände auf den Nachttisch gelegt und abends beim Zubettgehen noch besonders gezeigt und benannt.	Auto

neuen Gegenstand begriffsmäßig zuordnen und benennen soll. Vorangegangen war das Wiedererkennen von Geräuschen, die mit diesem Gegenstand verbunden sind. Bei der bewußt spielerisch gehaltenen Situation sind Martin, seine Mutter, seine ältere Schwester und die Therapeutin anwesend. Es handelte sich um die 5. Therapiesitzung, bei der Martin 2,11 Jahre alt war.

Bei dem genannten Beispiel erwies es sich als günstig, daß auf das vertraute Geräusch des elterlichen Autos zurückgegriffen wurde. Als der Vater abends nach Hause kam und Martin den Wagen einparken hörte, sagte er spontan „Auto".

In der nächsten Sitzung soll durch einen Vergleich eine *Generalisierung* vorgenommen werden, indem 2 verschiedene Autos gezeigt werden. In einer späteren Phase werden die Gegenstände nicht im Original, sondern auf Bildkarten gezeigt.

(3) *Reflexion und Ausblick*

Innerhalb des vergleichsweise kurzen Beobachtungs- und Therapiezeitraumes von 6 Monaten konnten erhebliche Auswirkungen auf das Kind, seine beiden Geschwister sowie die Eltern festgestellt werden.
Martin beherrschte am Ende der Fördermaßnahmen ca. 90 bis 100 Begriffe sicher und verständigt sich zumeist in Zwei- bis Dreiwortsätzen. Häufig verwendet er neben seinem bekannten hinweisenden „da" ein neu erarbeitetes Hauptwort („Da Buch!"). Auffällig ist das beginnende Fragealter („Wo?"). Offensichtlich haben die Maßnahmen die Selbstlernaktivität des Kindes entscheidend erhöht.
Weniger günstig sind dagegen die Auswirkungen auf die beiden *Geschwister* (Bruder: 5 Jahre, Schwester: 7 Jahre). Nach anfänglichem Interesse fühlten sie sich durch die intensive Arbeit der Mutter mit Martin benachteiligt und reagierten teilweise mit unverhohlener Aggressivität. Zeitweise näßte der Bruder sogar wieder ein.
Die Auswirkungen auf die *Eltern* waren überwiegend positiv. Die Mutter fühlte sich durch die Erfolge ihres jüngsten Kindes selbst bestätigt, bekam aber teilweise Schuldgefühle wegen ihrer beiden anderen Kinder. Der Vater war zunehmend zur Mitarbeit bereit. Beide Elternteile berichteten von positiven Auswirkungen auf ihre Ehe. – Es bleibt offen, welche Folgen ohne die günstige Entwicklung des Kindes eingetreten wären.
An *weiter beabsichtigten Maßnahmen ist geplant,* zunächst die Hausfrüherziehung beizubehalten und Martin mit 4 Jahren in den örtlichen Sonderkindergarten aufzunehmen. Weiter ist vor allem die Mutter sehr daran interessiert, an einer Elterngruppe teilzunehmen, in der sich Eltern behinderter Kinder treffen.

5.4.2. Elementarphase: Dirk

(1) *Vorgeschichte und diagnostische Ausgangssituation*

Dirk ist das einzige Kind eines Lehrerehepaars. Die anamnestische Vorgeschichte ist unauffällig, seine bisherige Entwicklung verlief altersgerecht. Er ist ein aufgeweckter, intelligenter Junge mit einem großen Freundeskreis.

Die Eltern suchten die örtliche Beratungsstelle für Sprachbehinderte auf, als er im Alter von 5 Jahren immer noch lispelte. Bei der diagnostischen Erhebung ergab sich ein ausgeprägter *Sigmatismus interdentalis* und *Schetismus* bei sonst gut ausgebildeter Sprachentwicklung, überdurchschnittlichem Wortschatz und ausgeprägter Redefreudigkeit. Die Eltern hatten bisher die Lautbildungsstörung negiert, sind aber jetzt besorgt und zur Mitarbeit bereit. Dirk selbst hatte bisher kein Störungsbewußtsein, entdeckt jetzt aber zunehmend seine Interdentalität, da ihn die anderen Kinder darauf ansprechen.

Zum Bedingungshintergrund der Störung können nur Vermutungen angestellt werden. Das Hörvermögen ist intakt, Beeinträchtigungen bei der Verarbeitung von Höreindrücken sind dagegen nicht auszuschließen. Untersuchungen mit einem Lautagnosietest („Komplette neue Bildwortserie") ergaben zumindest Grenzwerte. Schwerpunktmäßig scheinen dagegen Störungen bei der kinästhetisch-taktilen Rückkoppelung vorzuliegen. Dirk kann nicht pfeifen und seine Zungenbeweglichkeit ist deutlich eingeschränkt. Nach Angaben der Eltern sprach er bis zum Alter von 3 Jahren nahezu alle Konsonanten interdental (multiple Interdentalität).

Die Anamnese und diagnostische Eingangsuntersuchung führte zur Diagnose

Sigmatismus interdentalis und Schetismus bei sonst guter (Sprach-)Entwicklung.

Im weiteren sollte abgeklärt werden, ob die Störung auf den motorischen Bereich zentriert ist bzw. inwieweit impressive Anteile als mitverursachend angesehen werden müssen.

(2) *Sprachtherapeutischer Verlaufsprozeß*

Das sprachtherapeutische Vorgehen erfolgte ambulant zweimal wöchentlich im Rahmen der Beratungsstelle. Die Mutter war bei der Therapie dabei. Aufgrund ihres pädagogischen Geschicks konnte sie zunehmend aktiv bei den Maßnahmen beteiligt werden. Dirk war während dieses Zeitraums 5,4 bis 5,9 Jahre alt.

In den ersten Sitzungen erfolgte eine Anbildung eines s-ähnlichen Lautes über die i-s-Methode. Gleichzeitig wurden Beobachtungen zur phonematischen Differenzierungsfähigkeit durchgeführt, die jedoch keine klaren Ergebnisse erbrachten. Bei der Durchsuchung der Differenzierungsprobe (*Breuer/Weuffen* 1975) hatte Dirk mit Ausnahme der kinästhetischen Differenzierung(➤ Schellfischflosse) keine Schwierigkeiten.

Im Rahmen des diagnostisch-therapeutischen Verlaufsprozesses wurde zunehmend deutlich, daß es sich um eine isolierte Lautbildungsschwierigkeit handelte. Aufgrund der günstigen Voraussetzungen wurde als *Zielsetzung* der Therapie eine Kompensation der Störung angenommen. Um eine Anwendung des gelernten Lautes in der Spontansprache zu erreichen, erfolgte eine Zerlegung in folgende Teilschritte (s. Kap. 4.2.2.1.):

– Anbildungsphase
– Festigung in sinnlosen Silben
– Stabilisierung in Wörtern
– Automatisierung in Sätzen
– Anwendung in freier Rede

Begleitend wurden Übungen zur differenzierten Hörkontrolle und Anregung des Hörgedächtnisses durchgeführt.

Bei dem folgenden Beispiel handelt es sich um die 5. Therapiesitzung. Vorangegangen war eine Anbildung des isolierten s-Lautes, den Dirk in der Übungssprache bereits recht sicher beherrschte. In dieser Sitzung, bei der auch die Mutter teilnahm, sollte neben einer Festigung über die Hörkontrolle eine Verbindung in sinnlosen Silben erreicht werden.

Verlaufsprotokoll: Anwendung des s-Lautes und Verbindung in Silben

Zeit Min.	geplanter Verlauf	didaktisch-metho-discher Kommentar	Medien
3'	Die drei bekannten Figuren Seppl, Gretel und Kasper werden hinter einem Vorhang hervorgeholt. Dirk darf die Rolle des Kaspers übernehmen und zunächst frei agieren.	*Motivation* -Förderung der Gruppensituation -Möglichkeiten zur Rollenübernahme	3 Kasperfiguren (Seppl, Gretel, Kasper)
6'	Ein Teilnehmer (Seppl ➤ Therapeut) entdeckt eine Maschine. Alle wollen damit spielen. *Spielregel:* Dirk erhält einen Kopfhörer. Seppl (➤ Therapeut) spricht in das eine Mikrophon (rechtes Ohr) ein langes sss.., Kasper (➤ Dirk) spricht in das andere Mikrophon (linkes Ohr) ebenfalls ein sss.. Auf beiden Ohren muß es gleich klingen.	Differenzierter Vergleich des Höreindrucks durch „simultanes Feedback"	Phonic Ear, Kasperfiguren
6'	Kasper möchte sich ausruhen. Er rutscht auf einem Holzwagen eine Rutschbahn herunter und spricht dabei f, m, n und schließlich ss.. (gleichzeitig: Armbewegungen). Unten warten die anderen Kasperfiguren (➤ Mitspieler) und rufen vor Freude a, vor Erstaunen o, vor Abwehr i.		

Zeit Min.	geplanter Verlauf	didaktisch-metho- discher Kommentar	Medien
	 ss a	*Koartikulation:* An- wendung des Lautes und Verbindung in Silben	Rutschbahn, Holzwagen, Kasperfigur
	Schließlich ruft Kasper selbst ss–a (usw.). Die Rutsche wird jetzt kürzer (ss-a). Schließlich erfolgt der Zusammenschluß zum „sa".		
5'	Kasper macht Spaß. Er rutscht die Rutsche herauf.	Übergang von der Silbe zum sinnvollen Wort (*Anwendung*).	zusätzlich: Holzstück als Ast.
	st a		
	Oben wartet Seppl (➡Therapeut) und ruft „t". Kasper spricht jetzt alles selbst: „a-s-t". Durch schnelleres Sprechen entsteht ein sinnvoller Be- griff (➡ Ast). Dirk wird ein Ast gezeigt.		

Der hier vorgenommene systematische Aufbau nach übungstherapeutischen Gesichtspunkten war möglich, da Dirk gut mitmachte, auf Spiel-
angebote positiv reagierte und Spielregeln kreativ mitgestalten konnte.
Er war außerordentlich überrascht, als er erfuhr, daß er den Begriff
„Ast" richtig gesprochen hatte. Wahrscheinlich hätte er beim Vor- und

Nachsprechen des Wortes durch Rückgriffe auf vertraute Artikulationsmuster interdental gesprochen.

Dirk äußerte spontan, in weiteren Therapiesitzungen andere Wörter mit Hilfe der Rutsche sprechen zu wollen. Die Anregung wurde aufgenommen und konnte auch verwirklicht werden.

(3) *Ausblick*

Zum Zeitpunkt der Beendigung der Therapie nach 4 Monaten war die Artikulationsfähigkeit auch in der Spontansprache einwandfrei. Dabei ist nicht sicher, inwieweit sich die Auffälligkeit auch ohne Therapie gegeben hätte. Eine Intervention erschien jedoch angezeigt, um vor der Einschulung die auch optisch auffällige Störung, die von dem Kind zunehmend als belastend empfunden wurde, zu kompensieren.

5.4.3. Elementarphase: Stephan

(1) *Vorgeschichte und diagnostische Ausgangssituation*

Stephan wurde mit 4,10 Jahren in der Beratungsstelle mit der Bemerkung der Eltern vorgestellt: „Er spricht unverständlich und wird wütend, wenn man ihn darauf anspricht."

Die ersten Kontakte mit Eltern und Kind ergaben als *Eingangsdiagnose*:
   Hochgradige Sprachentwicklungsstörung auf allen Sprachebenen mit situativen Stottererkomponenten bei hohem Störungsbewußtsein des Kindes.

Im einzelnen war der Sprachentwicklungsstand durch folgende Störungen gekennzeichnet:

Lautebene:	multiples bis universelles Stammeln (Sigmatismus lateralis, Schetismus, / k/ wird in der Anfangsposition durch / t/ ersetzt, / r/ wird in der Anfangsposition weggelassen oder durch / h/ ersetzt)
Wortschatz:	häufiger Rückgriff auf stereotype Redewendungen bei geringer Variationsvielfalt („Tier" wird als Oberbegriff verwendet, ohne zwischen Hunden, Katzen, Kühen usw. zu differenzieren)

Grammatik:	hochgradiger Dysgrammatismus (Schwerpunkt des Störungsbildes); Gebrauch von Zwei- bis Dreiwortsätzen bei veränderter Wortstellung im Satz, fehlerhaften Artikelzuordnungen, unsicherem Gebrauch von Präpositionen ...; dabei ist nicht nur der Sprachausdruck, sondern auch das Sprachverständnis betroffen (impressiver Dysgrammatismus)
Kommunikation:	Die gute Kontaktaufnahme zum Therapeuten ändert sich, wenn die Eltern dazukommen. Dann tritt situativ teilweise ein erhebliches Stottern auf. Bemerkenswert ist die Ablehnung des Vaters. Dieser reagiert mit emotionaler Kälte, verbaler Kritik und Nichtbeachtung („Da sieht man wieder, wie dumm er ist.")

Eine erste Beurteilung der anderen Entwicklungsbereiche deutete darauf hin, daß bei unauffälligem Bewegungsverhalten, guter optischer Wahrnehmungsdifferenzierung und intaktem Gehör die *auditive Wahrnehmungsverarbeitung* gestört war. Dabei war nicht eindeutig zu trennen, ob es sich um eine Beeinträchtigung der phonematischen Differenzierungsfähigkeit oder eine herabgesetzte Hörgedächtnisspanne handelte. Die Nachsprechsilben von *Mottier* (Zürcher Lesetest) sowie der Untertest „Zahlenfolge-Gedächtnis" (ZFG) aus dem Psycholinguistischen Entwicklungstest (PET) waren kaum durchzuführen.

Hinweise für eine somatische Verursachung der (Sprach-)Entwicklungsstörung waren aus der Anamnese nicht ersichtlich. Bereits die ersten Kontaktaufnahmen verwiesen dagegen auf eine *Belastung der psychosozialen Situation*. Stephan wurde als zweites, ungewolltes Kind geboren. Der Vater ist Beamter bei der Bundespost, die Mutter ist halbtägig als Putzhilfe beschäftigt. Vor allem der Vater fühlt sich durch ein zweites Kind finanziell eingeengt. Er betont immer wieder, daß er nun auf seine Hobbies verzichten müsse. Die Schwangerschaft und Geburt führten zu erheblichen Ehestreitigkeiten, die auch jetzt noch nicht beigelegt sind. Ausdruck dieser Divergenzen ist ein ambivalentes Erziehungsverhalten bei den Ehepartnern, die zudem beide kein günstiges (Sprach-)Vorbild bieten. – Seit einem halben Jahr lebt Stephan überwiegend bei der Großmutter, die ihn sehr verzärtelt und eine ausgesprochene Babysprache verwendet („Mach tuta tua!").

Dieser Eindruck reicht sicher nicht, um die Sprachentwicklungsstörung bei Stephan vorschnell als psychosozial verursacht zu kennzeichnen.

Andererseits erscheint es gerechtfertigt, neben der Arbeit mit demKind besonderen Wert auf die Einbeziehung der Eltern zu legen.

(2) *Sprachtherapeutischer Verlaufsprozeß*

Die diagnostische Ausgangssituation verwies auf die Notwendigkeit, bei der Förderung einen zweifachen Ansatz zu verfolgen:zum einen war es erforderlich, dem Kind in einem ganzheitlichen Förderungsprozeß breit angelegte Entwicklungsanreize zu geben; zum anderen war es dringend notwendig, die Eltern möglichst aktiv bei der Therapie zu beteiligen, da Stephans Sprachverhalten nicht von seiner familiären Situation losgelöst betrachtet werden konnte. Von daher erfolgte eine Aufnahme in einen *Sonderkindergarten* mit einer begleitenden *Elternberatung.* Beide Förderungsangebote waren aufeinander abgestimmt und wurden gemeinsam durch einen Sprachheilpädagogen und eine Erzieherin durchgeführt.
Die übergreifenden *Zielsetzungen* mußten im Verlauf der recht langen Therapiedauer (4.10 bis 7.4 Jahre) mehrfach modifiziert werden. Beibehalten wurde der zweifache Ansatz, nach dem nicht nur auf das Kind, sondern auch auf seine Eltern eingewirkt werden sollte. Im Verlauf der Therapie wurde immer deutlicher, daß beide Maßnahmen letztlich nicht voneinander zu trennen waren. Die nachfolgende Unterteilung gibt damit nur Einzelaspekte aus einer Einheit an:

– *kindzentrierte Maßnahmen:* integrierte Wahrnehmungs- und Sprachförderung durch Einzel- und Gruppentherapie mit spezifischen Teilzielen; Betonung des kommunikativen Aspekts durch das Erlernen von Dialogschemata; Föderung der Selbstsicherheit.
   Auf die Stottersymptomatik wurde nicht übungstherapeutisch eingegangen, da die Iterationen im Kindergarten kaum auftraten und auf bestimmte Situationen in der Familie beschränkt blieben.
– *elternzentrierte Maßnahmen:* Hilfestellungen, das Kind und sich selbst besser zu verstehen; Sensibilisierung für die Notwendigkeit und Bedeutung eines Sprachmodells (mit konkreten Lernbeispielen); Anregungen zur Reflexion über die Familiensituation.
   Die Beratung gestaltete sich schwierig und erforderte ein taktvolles Vorgehen, bei dem Schuldzuweisungen vermieden wurden. Prinzipielle Grenzen wurden durch die wechselnde Bereitwilligkeit der Eltern zur Mitarbeit deutlich, die auch von äußeren Faktoren (Zeit für persönliche Interessen) beeinflußt wurde.

Verlaufsprotokoll: Anwendung des Akkusativobjektes

Zeit Min.	geplanter Verlauf	didaktisch-methodischer Kommentar	Medien
5'	*Phase 1: Bildgeschichte* (Mutter backt einen Pfannkuchen) 5 Bilder liegen umgedreht gestapelt auf dem Tisch. Jeder Teilnehmer nimmt ein Bild auf und sagt, was er auf dem Bild sieht.	*Motivationsphase* -Umsetzung von Wahrnehmung in Sprache (Versprachlichung) -Unterstützung der spontanen Redefreude	5 Situationsbilder einer Bildgeschichte
	a) ungerichtete Äußerungen, freies Gespräch b) *Reporterspiel* (bekannt aus vorhergehenden Sitzungen) „Ich sehe *die* Mutter. *Die* Mutter macht .." „Ich sehe *den* Jungen. *Der* Junge .."	*-Anwendung* geübter Strukturen	
4'	Die Bilder werden auf den Tisch gelegt. Die Bilder erzählen eine Geschichte. Ordne und sprich dazu!	-kognitive Strukturierung durch Herstellen einer logisch begründbaren Reihenfolge -Zusammenarbeit in der Gruppe -spontane Kommentare	
6'	*Phase 2: Handelnde Begegnung* mit dem originalen Gegenstand „*Wollen wir* auch Pfannkuchen herstellen?"	Erneute *Motivation*	

147

Zeit Min.	Geplanter Verlauf	didaktisch-methodischer Kommentar	Medien
	„*Was* brauchen wir dazu?" Eine Decke, unter der verschiedene Gegenstände liegen, wird aufgedeckt.		Eier, Mehl, *Milch, Topf, Salz, Gabel sowie andere Gegen*stände, die nicht benötigt werden
	Nach einer kurzen Beobachtungsphase hat jedes Kind einen Wunsch frei. Zauberspruch: „Ich möchte (brauche) den Topf." ... (evt. korrigieren die Kinder einander; der Zauberspruch war nicht richtig)	-Die Gegenstände entsprechen der o.g. Bildgeschichte. Evt. kommt es zu einer Festigung des *Wortschatzes.* -erneute Anwendung des Akkusativobjekts -kognitive Anforderung	
3'	*Wie* wird ein Pfannkuchen gebacken? *Was* brauchen wir noch? -Zeigen der Gegenstände nach Äußerungen der Kinder -kurze Beschreibung des Hergangs und der Abfolge der einzelnen Arbeitsschritte	-spontane Redeäußerungen der Kinder (keine gelenkten Sätze, „korrigierende Rückmeldungen")	Margarine,Pfanne, E-Herd (Platte)
10'	*Phase 3: Herstellen und Aufessen der Pfannkuchen* -Herstellen in der Gruppe unter Anleitung der Erzieherin -gemeinsames Essen	-gemeinsames Handeln (soziales Moment)	Teller, Gabeln, Marmelade, Honig

Im Verlauf der Therapie wurde zunehmend deutlich, daß letztlich eine *Veränderung der Situation* des Kindes und seiner Eltern erforderlich war, um dauerhafte Erfolge zu erzielen. Ohne eine Veränderung der Rollenverhältnisse in der Familie, der Einstellung zum Kind und seiner bedingungslosen Annahme müssen alle Maßnahmen symptom- und individuumzentriert bleiben.

Von daher gibt das nachstehende *Therapiebeispiel* nur einen Ausschnitt aus einem komplexen Geschehen wieder, bei dem Gespräche mit den Eltern einen hohen Stellenwert einnahmen. Bei der dargestellten Therapiesitzung handelt es sich um eine Gruppensituation im Kindergarten, an der neben Stephan und der Erzieherin noch 3 Kinder mit ähnlichen Störungsbildern beteiligt sind. Vorangegangen war eine Erarbeitung der Veränderung des Artikels im Akkusativ (der ➡ den). Bei der vorgestellten Therapiesitzung stand neben einer Anwendung des Akkusativobjektes vor allem das kommunikativ-soziale Moment im Vordergrund.

Die o.g. Therapiesitzung verlief unter großer spontaner Beteiligung der Kinder. Sie zeigte aber auch die Schwierigkeit, sprachtherapeutische Elemente sinnvoll in einen spielerischen Ablauf zu integrieren.

In den folgenden Übungen soll das Akkusativobjekt im Zusammenhang mit Präpositionen geübt werden (Wohin lege ich das Buch? .. in den Schrank, .. auf den Stuhl usw.). Die Erarbeitung soll wiederum im handelnden Umgang mit originalen Materialien erfolgen.

(3) *Reflexion und Ausblick*

Der lange Zeitraum der Interventionen von 2 1/2 Jahren sowie das komplexe Vorgehen bei Eltern und Kind führten dazu, daß die Sprachtherapie immer mehr zu einer *Sozialisationsstütze* wurde. Die derzeitige Situation kann dabei als insgesamt positiv angesehen werden.

Stephans Sprachverhalten zeigt nur geringe Auffälligkeiten im syntaktisch-morphologischen Bereich, die er aber durch eine ausgeprägte Kommunikationsfreude ausgleichen kann. Seine Lautbildungsfähigkeiten sind bis auf wenige Ausnahmen (kw, ks) gut.

Zu Beginn der Therapie war sein Störungsbewußtsein erheblich und geradezu blockierend für jegliche Anforderung gewesen. Eine Verbindung der Sprachtherapie mit spieltherapeutischen Elementen erwies sich jedoch nur bedingt als erfolgversprechend, da die Ursachen für sein Verhalten primär in der Familiensituation, vor allem in der gestörten Beziehung zum Vater lagen. Dieser war zunächst kaum zur Mitarbeit bereit („Der stottert, ich doch nicht. Ich habe damit nichts zu tun."). Besser wurde es, als – eher zufällig – Ansätze zur Hebung des Selbstwertgefühls gefunden wurden. Stephan hatte viele Erfolgserlebnisse im Turnverein. Hier wurde er zunehmend anerkannt. Sein Selbstvertrauen übertrug sich auf die Situation zu Hause bzw. später in der Schule.

Die Maßnahmen bei den *Eltern* zeigten erst in den letzten Monaten die erhofften Auswirkungen. Nachdem vor allem die Mutter lange Zeit mit wechselhaftem Erfolg an der Therapie teilgenommen hatte, wurde eine nahezu schlagartige Änderung der Situation dadurch erreicht, daß jetzt Vater und Sohn gemeinsam zum Turnverein gehen. Von beiden Seiten ist dadurch eine Veränderung der Beziehungsstruktur in Gang gekommen, die sich in kleinen Bemerkungen der Wertschätzung ausdrückt. – Es soll nicht verhehlt werden, daß hier der Zufall mitgespielt hat. Insgesamt ist die Therapie nahezu vor dem Abschluß. Stephan besucht derzeit die 1. Klasse einer Sprachbehindertenschule. Eine Umschulung in die örtliche Grundschule wird für das nächste Jahr erwartet.

5.4.4. Schulphase: Manuela

(1) *Vorgeschichte und diagnostische Ausgangssituation*

Manuela wurde als „Späterfassung" erst bei der Einschulung im Alter von 6.4 Jahren institutionell als sprachauffällig erkannt. Die Eltern gaben an, daß ihre anderen Kinder auch so gesprochen hätten. Nach Aussage der Kindergärtnerin habe Manuela „wenig und recht unverständlich" geredet.

Manuela ist das jüngste von 4 Kindern. Der Vater arbeitet im Schichtdienst in der Fabrik. Die Mutter geht stundenweise einer Aushilfsbeschäftigung als Verkäuferin nach. Die Kinder sind häufig sich selbst überlassen. Zwei ältere Brüder besuchen eine Lernbehindertenschule. Eine intensive Auseinandersetzung (gemeinsame Spiele, Ausflüge ..) mit ihren Kindern können die Eltern zeitmäßig kaum realisieren. Sie halten dies auch nicht für erforderlich und haben derartige Erfahrungen in ihrer eigenen Kindheit auch nicht gemacht.

Eine Rekonstruktion der Schwangerschaft, Geburt und frühen Entwicklung des Kindes blieb lückenhaft bzw. gab wenig Anhaltspunkte. Die Mutter ging unregelmäßig zum Arzt. Nach ihren Angaben verlief „alles normal". Ein Vorsorgeheft (U 1 bis U 8) war den Eltern nicht bekannt (!).

Eine Überpüfung des Sprachentwicklungsstandes im Rahmen der *Einschulungsdiagnostik* ergab, daß Manuela bei knapp durchschnittlicher Intelligenz (IQ = 92 nach dem HAWIK) Störungen im Bereich der

- *Lautbildung:* Sigmatismus addentalis, / sch/ wird im Zusammenhang mit Vokalen richtig, bei Koartikulation mit Konsonanten falsch realisiert; insgesamt „verwaschene Aussprache"
- *Begriffsbildung:* geringer Wortschatz und wenig Variationsmöglichkeit bei Wortfeldübungen (Stall, Bauernhof, Hochhaus, Einfamilienhaus, Burg, Schloß ... werden mit dem Begriff „Haus" gekennzeichnet)
- *Grammatik:* Störungen im Bereich der Morphologie, Verwechslung von „mir" und „mich"; Artikelzuordnung ungenau
- *Kommunikation:* sprechscheu, häufiger Rückgriff auf stereotype Redewendungen („Der tut das machen.")

aufweist. Es liegen auf allen Sprachebenen vergleichsweise leichte Ausfälle vor, die aber insgesamt kumulieren und die Notwendigkeit einer Sonderbeschulung begründen.

Eine Abprüfung der sensomotorischen Grundfähigkeiten mit der *Differenzierungsprobe* verwies auf erhebliche Ausfälle im Bereich der optischen, akustischen, kinästhetischen und melodischen Differenzierung. Dabei war nicht immer eindeutig zu trennen, ob es sich um eine individuumspezifische Störung handelte oder eine mangelnde familiäre Anregung zum Ausdruck kam (Bsp.: In der Familie wird nicht gesungen. Der entsprechende Untertest war kaum begreifbar zu machen.).

Manuelas Entwicklungsstand wurde im *Einschulungsgutachten* übergreifend gekennzeichnet als

Verzögerte Sprachentwicklung auf allen Sprachebenen bei reduzierten sensomotorischen Grundfähigkeiten.

(2) *Sprachtherapeutischer Verlaufsprozeß*

Der in den ersten Monaten rasch voranschreitende Abbau der Sprachentwicklungsstörung wurde zunehmend überlagert durch Schwierigkeiten beim Erlernen des Lesens und Schreibens. Offensichtlich lag eine Strukturstörung vor, die sich – dem Modell von *Breuer/Weuffen* (1975) folgend – von der Ebene der (verbo-)sensomotorischen Grundfähigkeiten über die Lautsprache bis zur Schriftsprache erstreckte (Abb. 12):

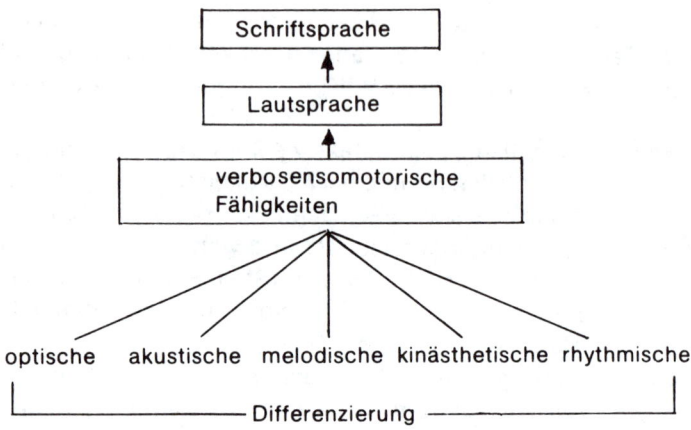

Abb. 12: Hierarchie von Sensomotorik, Laut- und Schriftsprache

Im Hinblick auf die *Zielsetzung* wurde daraus gefolgert, noch mehr als bisher Bereiche der sensomotorischen Basisqualifikationen anzusprechen. Eine genauere Überprüfung mit „Frostigs Test der visuellen Wahrnehmung" (FEW) und der „Kompletten neuen Bildwortserie" von *Schäfer* verwies vor allem auf Beeinträchtigungen im Bereich der optischen und phonematischen Differenzierung. Im unterrichtsimmanenten und -begleitenden Maßnahmen sollten diese Fähigkeiten zunächst gefördert werden, um ein Fundament für darauf aufbauende laut- und schriftsprachliche Prozesse zu bilden.

Im folgenden *Beispiel* wird die Arbeit mit einer Differenzierungsgruppe von 4 Kindern im Alter von 8 bis 9 Jahre mit ähnlichen Schwierigkeiten im sensomotorischen, laut- und schriftsprachlichen Bereich vorgestellt. Im Vordergrund stehen Prozesse der optischen und akustischen Differenzierung, die durch eine begleitende Sprachtherapie ergänzt werden.

Verlaufsprotokoll: Sensomotorische Grundförderung für den Laut- und
Schriftspracherwerb

Zeit Min.	geplanter Verlauf	didaktisch-metho- discher Kommentar	Medien
4'	Rätsel: Jedes Kind bekommt eine unterschiedliche Wörter- schlange.	*Motivation*	Wörterschlange, Schere

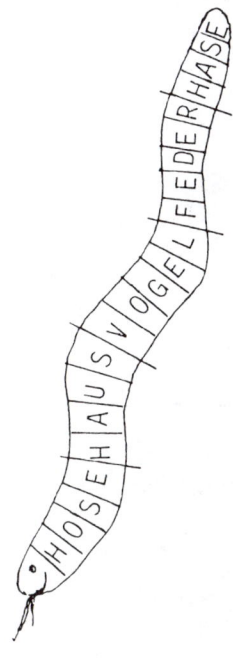

Die einzelnen Wörter werden ausgeschnitten, gelesen (evtl. laut- sprachlich korrigiert) und auf den Tisch gelegt (ent- sprechend 4 x 5 = 20 Be- griffe).	*optische* Differen- zierung	

Zeit Min.	geplanter Verlauf	didaktisch-methodischer Kommentar	Medien
8'	Es werden 20 Bildkarten zu den o.g. Begriffen nacheinander von einem Stapel aufgenommen.		Bildkarten, Schriftstreifen (Teile der Wörterschlange)
	a)Die Kinder ordnen jeweils für sich eine Bildkarte dem entsprechenden Schriftstreifen zu.	Zuordnung von Bild und Schrift	
	b) Ein Kind legt sein Bild-Schrift-Paar in die Mitte. Was klingt ähnlich?	akustische Differenzierung	
3sp.: 10'			
	Evt. erfolgt zur Hervorhebung der unterschiedlichen Phoneme eine Abdeckung mit Pappkärtchen.		
6'	4 Begriffe passen nicht in das o.g. Raster. Was ist anders? Was klingt ähnlich?	Phonem-Graphem-Zuordnung	
	V ogel F eder F ahrrad F ahne Der Anfangslaut klingt gleich, wird aber anders geschrieben.		

Die letzte Phase führte zu einem außerordentlichen Aha-Erlebnis bei den Kindern. Sie diente als Hinlenkung auf eine gezielte Erarbeitung zur Phonem-Graphem-Zuordnung, die in dem Wochenthema des Deutschunterrichts in der Klasse vorgesehen war.

(3) Reflexion und Ausblick

Im Alter von 8.6 Jahren waren die lautsprachlichen Schwierigkeiten Manuelas nahezu vollständig behoben. Ein Aufenthalt in der Sprachbehindertenschule war aber weiterhin erforderlich, da ein differenziertes Eingehen auf die gestörte Wahrnehmungsverarbeitung in der Kleingruppe notwendig war und dementsprechende Maßnahmen in der örtlichen Grundschule nicht angeboten wurden. Erschwerend kam hinzu, daß die Eltern kaum zur Mitarbeit bereit waren („Sie geht doch jetzt in'ne Sprachschule.").

Ebenfalls ist zu bedenken, daß Manuelas Kommunikationsverhalten in Gruppen, die über die Partnersituation hinausgehen, noch sehr unsicher ist. Sie versteht es dann nicht, ihr erlerntes (Sprach-)Wissen situationsadäquat anzuwenden und zieht sich eher zurück. Insgesamt ist sie eine recht unauffällige und ruhige Schülerin, deren Schwierigkeiten erst nach näherem Kennenlernen deutlich werden.

Für die nächste Zeit ist neben einer gezielten Förderung der Lese-Rechtschreibfähigkeiten ein vermehrtes Eingehen auf ihre persönliche und kommunikative Situation vorgesehen.

6. Literaturverzeichnis

Angermaier, M.: Psycholinguistischer Entwicklungstest, PET (Deutsche Bearbeitung des Illinois Test of Psycholinguistic Abilities). Weinheim und Basel 1974

Arbeitsstelle Frühförderung Institut für Sonderpädagogik der Universität München (Hrsg.): Pädagogische Frühförderung behinderter und von Behinderung bedrohter Kinder. München 1982

Axline, Virginia: Kinderspieltherapie im nichtdirektiven Verfahren. München 1972 (engl. 1947)

Bach, H.: Sonderpädagogik und Therapie – Probleme und Abgrenzung unter gesellschaftlichem Aspekt. Sonderpädagogik 10 (1980), 103-111

ders.: Pädagogisch-therapeutische Maßnahmen – eine Alternative wozu? Sonderpädagogik 11 (1981), 30-32

Bachmair, Sabine et al.: Beraten will gelernt sein. Weinheim und Basel [2]1983

Balzer, Brigitte/ Rolli, Susanne: Sozialtherapie mit Eltern Behinderter. Weinheim und Basel 1975

Baumgärtel, F.: Theorie und Praxis der Kinderpsychotherapie. München 1976

Baumgartner, St.: Zu den Begriffen Sprachstörung, Sprachbehinderung, Sprachschädigung und Sprachauffälligkeit. Die Sprachheilarbeit 24 (1979), 67-77

Becker, K.-P./ Sovák, M.: Lehrbuch der Logopädie. Köln [2]1975

Becker, K.-P./ Becker, Ruth und Autorenkollektiv: Rehabilitative Spracherziehung. Berlin (DDR) 1983

Berger, Annelis: Rehabilitative Bewegungserziehung. Berlin (DDR) 1983

Benecken, J. (Hrsg.): Kinderspieltherapie. Stuttgart 1982

Biere, B.U.: Kommunikation unter Kindern. Tübingen 1978

Blankenheim, H./ Mayer, J.-E.: Gezielte sprachheilpädagogische Maßnahmen bei lernbehinderten Dysgrammatikern. Die Sprachheilarbeit 23 (1978), 196-207

Böhme, G.: Stimm-, Sprech- und Sprachstörungen. Stuttgart 1974

ders.: Therapie der Sprach-, Sprech- und Stimmstörungen. Stuttgart/ New York 1980

Bollnow, O.F.: Existenzphilosophie und Pädagogik. Stuttgart 1959

Borstel, Marianne: Training der Wahrnehmung und Motorik. In: Knura, Gerda/ Neumann, B. (Hrsg.): Handbuch der Sonderpädagogik. Bd. 7. Berlin 1980, 324-337

Braun, O./ Homburg, G./ Teumer, J.: Grundlagen pädagogischen Handelns bei

Sprachbehinderten. Die Sprachheilarbeit 25 (1980), 1-17

Braun, O.: Sprachtherapeutischer Unterricht in Theorie und Praxis. In: Deutsche Gesellschaft für Sprachheilpädagogik e.v. (Hrsg.): Konzepte und Organisationsformen zur Rehabilitation Sprachbehinderter. Hamburg 1983, 167-178

Breiner, H.L.: Das Sprechenlernen beim gehörlosen Kleinkind als phonetischer Gliederungsprozeß. Sprache–Stimme–Gehör 8 (1984), 86-91

Breuer, H./ Weuffen, Maria: Untersuchung verschiedener Wahrnehmungsbereiche bei Kindern. Die Sonderschule 16 (1971), 34-39

dies.: Gut vorbereitet auf das Lesen- und Schreibenlernen? Berlin (DDR) 1975

Brezinka, W.: Von der Pädagogik zur Erziehungswissenschaft. Weinheim und Basel [3]1975

Bronfenbrenner, U.: Wie wirksam ist kompensatorische Erziehung? Stuttgart 1974

ders.: Ökologische Sozialisationsforschung. Stuttgart 1976

Bush, Wilma/ Giles, M.T.: Psycholinguistischer Sprachunterricht. München/ Basel 1976

Capra, F.: Wendezeit – Bausteine für ein neues Weltbild. Bern/ München/ Wien [2]1984

Chilla, R./ Kozielski, P.: Die Zunge als Spiegelbild cerebraler und artikulatorischer Dysfunktionen. Münchner med. Wochenschrift 119 (1977) 12, 403-408

Clezy, G.: Modification of the Mother-Child-Interchange in Language, Speech and Hearing. Baltimore, Maryland 1979

Dahms, A.-G./ Jaeger, U.: Motorik und Sprache. Limburg 1978

Dannenbauer, F.M.: Der Entwicklungsdysgrammatismus als spezifische Ausprägungsform der Entwicklungsdysphasie. München 1983

ders.: Überlegungen zur Bedeutung des Verzögerungsfaktors in der Sprachentwicklung dysgrammatisch sprechender Kinder. Der Sprachheilpädagoge 16 (1984), 2, 27-34

ders.: Techniken des Modellierens in einer entwicklungsproximalen Therapie für dysgrammatisch sprechende Vorschulkinder. Der Sprachheilpädagoge 16 (1984), 2, 35-49

Dührssen, Annemarie: Die biographische Anamnese unter tiefenpsychologischem Aspekt. Göttingen 1981

Duhm, Erna (Hrsg.), Huss, Katharina: Förderung sprachlicher Kommunikation 4- bis 6jähriger Kinder. Braunschweig 1977

Dupuis, G.: Sprachbehindertenpädagogik. In: Solarová, Svêtluše (Hrsg.): Geschichte der Sonderpädagogik. Stuttgart 1983, 260-296

Eberle, G./ Holtz, K.L./ Schöler, H.: Untersuchungen über die korrelativen Beziehungen zwischem dem Hamburg-Wechsler-Intelligenztest für Kinder (HAWIK) und dem Psycholinguistischen Entwicklungstest (PET) und dem Heidelberger Sprachentwicklungstest (HSET). In: Kanter, G.O./ Masendorf, E. (Hrsg.): Brennpunkte der Sprachheilpädagogik und Leseforschung. Berlin 1982, 215-245

Engl, Eva/ Kotten, Anneliese/ Ohlendorf, Ingeborg/ Poser, Elfi: Sprachübungen zur Aphasiebehandlung. Ein linguistisches Übungsprogramm mit Bildern. Berlin 1982

Ernst, A.: Das Rollenspiel im Unterricht. Ravensburg 1976

von Essen, O.: Allgemeine und angewandte Phonetik. Berlin [4]1966

ders.: Grundbegriffe der Phonetik. Berlin [3]1972

Flehinghaus, K.: Sprecherziehung. Dortmund 1978

Flitner, A. (Hrsg.): Das Kinderspiel. München 1973

Freudenreich, Dorothea/ Größer, H./ Köberling, J.: Rollenspiel. Hannover [4]1980

Fried, Lilian: Spiele und Übungen zur Lautbildung. Weinheim und Basel 1981

Frostig, Marianne: Bewegungserziehung. Hannover 1973

Frostig, Marianne/ Lockowandt, O.: Frostigs Entwicklungstest der visuellen Wahrnehmung (FEW). Weinheim und Basel 1974

Frostig, Marianne/ Reinartz, A. und Erika: Bewegen – Wachsen – Lernen. Dortmund 1974

dies.: Visuelle Wahrnehmungsförderung. Dortmund [2]1977

Führing, M./ Lettmayer, O./ Elstner, W./ Lang, H.: Die Sprachfehler des Kindes und ihre Beseitigung. Wien [8]1978

Galperin, P.J.: Die Entwicklung der Untersuchungen über die Bildung geistiger Operationen. In: Hiebsch, H. (Hrsg.): Ergebnisse der sowjetischen Psychologie. Berlin (DDR) 1967, 367-405

Gey, Magda: Sprachheilpädagogische und methodische Gesichtspunkte zur Gruppenbehandlung sprachentwicklungsgestörter Kinder. In: Deutsche Gesellschaft für Sprachheilpädagogik e.V. (Hrsg.): Störungen der Sprachentwicklung. Hamburg 1977, 57-65

dies.: Das stammelnde Kind mit Stottersymptomatik in der Sprachheilbehandlung. In: Deutsche Gesellschaft für Sprachheilpädagogik e.V. (Hrsg.): Psychosoziale Aspekte bei Sprachbehinderungen. Hamburg 1979, 107-124

dies.: Elemente sprachtherapeutischen Handelns bei sprachentwicklungsgestörten Kindern – Schwerpunkt: Dysgrammatismus. In: Kriz, H. (Hrsg.): Sprachentwicklungsstörungen. München 1984, 160-210

Ginott, H.G.: Gruppenpsychotherapie mit Kindern. Weinheim und Basel 1969

Glaess, B.: Der Heidelberger Sprachentwicklungstest (HSET). In: Andresen, H. et al. (Hrsg.): Osnabrücker Beiträge zur Sprachtheorie. Osnabrück 1982, 101-129

Götte, Rose: Landauer Sprachentwicklungstest für Vorschulkinder (LSV). Weinheim und Basel 1976

dies.: Sprache und Spiel im Kindergarten. Weinheim und Basel 1977

Goetze, H.: Personenzentrierte Spieltherapie. Göttingen 1981

Goetze, H./ Jaede, W.: Die nichtdirektive Spieltherapie. München 1974

Gordon, Th.: Familienkonferenz. Die Lösung von Konflikten zwischen Eltern und Kind. Hamburg 1972

ders.: Lehrer – Schüler – Konferenz. Hamburg 1977

Graichen, J.: Teilleistungsschwächen, dargestellt an Beispielen aus dem Bereich der Sprachbenutzung. Z. Kinder-Jugendpsychiat. 1 (1973), 111-143 ders.: Zum Begriff der Teilleistungsstörungen. In: Lempp, R. (Hrsg.): Teilleistungsstörungen im Kindesalter. Bern/ Stuttgart/ Wien 1979, 43-62

ders.: Teilleistungsschwächen. Sprache–Stimme–Gehör 3 (1979 a), 158-166

Grimm, Hannelore/ Schöler, H.: Heidelberger Sprachentwicklungstest (H-S-E-T). Braunschweig 1978

Grimm, Hannelore: Der Sprachtest – ein Stiefkind der Diagnostik. In: Klauer, K. (Hrsg.): Handbuch der pädagogischen Diagnostik. Düsseldorf 1978, 355-366

Grimm, Hannelore/ Kaltenbacher, Erika: Die Dysphasie als noch wenig verstandene Entwicklungsstörung. Sprach- und kognitionspsychologische Ergebnisse und erste empirische Ergebnisse. Frühförderung interdisziplinär 1 (1982), 97-112

Grissemann, H.: Das Problem der Handlungskompetenz im Rahmen der akademischen Ausbildung in Sonderpädagogik. Vierteljahresschrift f. Heilpäd. (VHN) 52 (1983), 26-40

Grohnfeldt, M.: Die Bedeutung sozio- und psycholinguistischer Aspekte im Rahmen einer integrierten Kommunikationsforschung bei Sprachbehinderten. Die Sprachheilarbeit 21 (1976), 105-115

ders.: Untersuchungen zur Struktur sprachlicher Behinderung. Z. Heilpäd. 29 (1978), 593-602

ders.: Psychosoziale Aspekte bei Sprachbehinderungen aus pädagogischer Sicht. In: Deutsche Gesellschaft für Sprachheilpädagogik e.V. (Hrsg.): Psychosoziale Aspekte bei Sprachbehinderungen. Hamburg 1979, 9-20

ders.: Untersuchungen zur Lautstruktur und Phonemkapazität bei sprachlich auffälligen Vorschulkindern. Die Sprachheilarbeit 24 (1979 a), 125-137

ders.: Analyse der Phonemkapazität bei sprachauffälligen Kindern: Zur Überarbeitung des Stammlerprüfbogens von Metzker. Die Sprachheilarbeit 24 (1979 b), 227-236

ders.: Erhebungen zum alterspezifischen Lautbestand bei drei- bis sechsjährigen Kindern. Die Sprachheilarbeit 25 (1980), 169-177

ders.: Diagnose und Didaktik in der Sonderpädagogik aus sozialwissenschaftlicher Sicht. Teil I: Zur sozialen Analyse des Bedingungshintergrundes von Behinderungen. Sonderpädagogik 11 (1981), 162-170

ders.: Störungen der Sprachentwicklung und sprachliches Handeln. Z. Heilpäd. 32 (1981 a), 333-343

ders.: Zum Selbstverständnis der Sprachbehindertenpädagogik als sonderpädagogische Disziplin Z. Heilpäd. 31 (1981 b), 425-429

ders.: Störungen der Sprachentwicklung. Berlin 1982

ders.: Diagnose und Didaktik in der Sonderpädagogik aus sozialwissenschaftlicher Sicht. Teil II: Überlegungen zur methodologischen Grundlegung und praktischen Umsetzung. Sonderpädagogik 12 (1982 a), 29-37

ders.: Behinderungsbegriff und Modellbildung in der Sprachbehindertenpädagogik: Situationsanalyse unter besonderer Berücksichtigung des Paradigmakonzepts. Z. Heilpäd. 33 (1982 b), 789-802

ders.: Behinderte und entwicklungsauffällige Kinder in der Sicht der klinischen

Sozialpädiatrie und pädagogischen Frühförderung. Z. Heilpäd. 33 (1982 c), 811-820

ders.: Längsschnittstudie zum sprachlichen Entwicklungsverlauf von Drei- bis Vierjährigen. Die Sprachheilarbeit 27 (1982 d), 259-270

ders.: Frühförderung sprachentwicklungsgestörter Kinder durch Beeinflussung der verbalen Mutter-Kind-Interaktion? Sprache-Stimme-Gehör 7 (1983), 27-31

ders.: Standortanalyse und Aufgabenstellungen der Sprachbehindertenpädagogik. Die Sprachheilarbeit 28 (1983 a), 129-143

ders.: Überlegungen zu einer prospektiven Sprachbehindertenpädagogik. Z. Heilpäd. 35 (1984), 506-510

ders.: Problemfelder und Aufgabenbereiche der Sprachbehindertenpädagogik im Spiegel einer Meinungsumfrage. Die Sprachheilarbeit 29 (1984 a), 157-166

ders.: Kindersprachforschung, Neurolinguistik und Sprachtherapie. Vierteljahresschrift für Heilpäd. (VHN) 53 (1984 b), 222-232

Grohnfeldt, M./ Werner, L.: Ein Beitrag der Sprachbehindertenpädagogik im Rahmen interdisziplinärer Sprachförderung – Aspekte zur Standortbestimmung und Entwicklungsperspektiven. Die Sprachheilarbeit 29 (1984), 1-20

Grunwald, L.: Das Bilder-Sprachbuch. Weißenthurm [5]1967

ders.: Sprachtherapie. Praktische Anleitungen zur Diagnose und Therapie sprachgestörter und entwicklungsbehinderter Kinder. Hamburg 1979

Haberl, Alma uns Hans: Schulung der phonematischen Differenzierungsfähigkeit bei sprachentwicklungsverzögerten Vorschulkindern. In: Deutsche Gesellschaft für Sprachheilpädagogik e.V. (Hrsg.): Störungen der Sprachentwicklung. Hamburg 1977, 115-128

Haley, J.: Direktive Familientherapie. München 1977

Hardmeier, Silvia/ Katz-Bernstein, Nitza: Elternarbeit mit Eltern stotternder Kinder. Vierteljahresschrift für Heilpäd. (VHN) 53 (1984), 289-309

Heese, G.: Dysgrammatismus als Leitsymptom der verzögerten Sprachentwicklung. Süddt. Schulzeitung 17 (1963), 10-11

Heidtmann, Hildegard: Der Heidelberger Sprachentwicklungstest (HSET) von Grimm und Schöler. Sonderpädagogik 13 (1983), 34-39

dies.: Imitation als Methode zur Feststellung grammatischer Entwicklungsstörungen? Der Sprachheilpädagoge 16 (1984), 4, 17-27

Herzka, H. St.: Kinderpsychiatrische Krankheitsbilder. Basel/ Stuttgart 1978

Hering, W.: Spieltheorie und pädagogische Praxis. Düsseldorf 1979

Hochstrasser, F./ Galliker, M. (Hrsg.): Spielen als Sprachförderung? Luzern 1983

Hötsch, Bettina: Die Bedeutung des Landauer Sprachentwicklungstests bei der Diagnose sprachbehinderter Vorschulkinder. Die Sprachheilarbeit 24 (1979), 19-26

Hofer, R.: Klientenzentrierte Spieltherapie – ein Therapiekonzept für die heilpädagogische Praxis? Vierteljahresschrift für Heilpäd. (VHN) 53 (1984), 152-161

Hofmann, W.: Sprachbildung und Sprecherziehung des lernbehinderten Kindes auf phonetischer Grundlage. Villingen 1969

Holtz, A.: Therapeutischer Unterricht – didaktisches Gütezeichen oder pädagogischer Ausverkauf? Die Sprachheilarbeit 27 (1982), 66-76

ders.: Themen, Thesen, Theorien in der Sprachbehindertendidaktik. Die Sprachheilarbeit 28 (1983), 69-78

Homburg, G.: Die Pädagogik der Sprachbehinderten – grundlegende Überlegungen. Rheinstetten 1978

ders.: Methodische Überlegungen zur therapeutischen Arbeit mit dysgrammatisch sprechenden Kindern. Die Sprachheilarbeit 26 (1981), 267-281

ders.: Theoretische Grundlagen und Erfahrungsgrundlagen therapeutischer Konzepte in der Dysgrammatismustherapie. In: Kriz. J. (Hrsg.): Sprachentwicklungsstörungen. München 1984, 211-235

Horsch, Ursula/ Ding, H.: Sensomotorisches Vorschulprogramm für behinderte Kinder. Heidelberg 1978

Horsch, Ursula/ Werner, L.: Kommunikationstheoretische Überlegungen zur Therapieimmanenz bei sprachbehinderten Schülern. Die Sprachheilarbeit 27 (1982), 138-148

van den Hoven, M./ Speth, L.: Motorik ist mehr als Bewegung. Berlin 1974

Ihssen, W.B.: Die Bedeutung von Linguistik, Psycholinguistik und Soziolinguistik für die Sprachbehindertenpädagogik. Die Sprachheilarbeit 22 (1977), 165-176

ders.: Linugistik, Kindersprachforschung und Pathologie der Kindersprache. Die Sprachheilarbeit 23 (1978), 149-156

ders.: Der Psycholinguistische Entwicklungstest (PET) aus linguistischer Sicht. In: Peuser, G. (Hrsg.): Brennpunkte der Patholinguistik. München 1978a, 95-114

ders.: Psychologie, Linguistik und Kindersprachforschung. In: Lotzmann, G. (Hrsg.): Psychologie in der Stimm-, Sprech- und Sprachrehabilitation. Stuttgart 1979, 9-19

Innerhofer, P.: Das Münchner Trainingsmodell (MTM). Verhaltensänderung – Beobachtung – Interaktionsanalyse. Heidelberg/ Berlin 1977

Innerhofer, P./ Warnke, A.: Die Zusammenarbeit mit Eltern nach dem Münchner-Trainingsmodell in der Praxis der Frühförderung. In: Speck, O./ Warnke, A. (Hrsg.): Frühförderung mit den Eltern. München 1983, 151-184

Jaeggi, Eva at al.: Andere verstehen. Weinheim und Basel 1983

Jakobson, R.: Kindersprache, Aphasie und allgemeine Lautgesetze. Frankfurt a.M. [3]1972 (Uppsala 1941)

Jaworek, F./ Zaborsky, E.: Die Behandlung von Stammelfehlern. Berlin [3]1981

Jussen, H.: Die Weiterentwicklung des Aufbauenden Verfahrens in einem Konzept kommunikativer Spracherschließung bei Gehörlosen. Hörpäd 37 (1983), 302-322

Katz-Bernstein, Nitza: Eine kombinierte Spieltherapie und logopädische Übungstherapie für stotternde Kinder zwischen 7 und 12 Jahren. Zürich 1982

Kautter, H./ Klein, G. (Hrsg.): Frühförderung entwicklungsverzögerter und entwicklungsgefährdeter Kinder. Stuttgart 1982 (erhältlich über die Pädagogische Hochschule Reutlingen)

Kautter, H.: Diagnostische Probleme bei der Frühförderung entwicklungsverzögerter und entwicklungsgefährdeter Kinder. In: Kautter, H./ Klein, G. (Hrsg.): Frühförderung entwicklungsverzögerter und entwicklungsgefährdeter Kinder. Stuttgart 1982, 154-176

ders.: Einige sozialpsychologische Aspekte förderungsdiagnostischer Arbeit. In: Kornmann, R./ Meister, H./ Schlee, J. (Hrsg.): Förderungsdiagnostik. Konzept und Realisierungsmöglichkeiten. Rheinstetten 1983, 2-8

Kemper, F.: Klientenzentrierte Kinderspieltherapie bei sprach- und sprechgestörten Kindern. In: Benecken, J. (Hrsg.): Kinderpsychiotherapie. Stuttgart 1982, 38-73

Kiese, Ch./Arold, R.: Die Bedeutung des Psycholinguistischen Entwicklungstests (PET) von Angermaier in der phoniatrischen Diagnostik. Sprache-Stimme-Gehör 8 (1984), 55-61

Kilens, Karola: Die Behandlung von Sprachentwicklungsstörungen. In: Knura, Gerda/ Neumann, B. (Hrsg.): Pädagogik der Sprachbehinderten. Handbuch der Sonderpädagogik. Bd. 7. Berlin 1980, 174-208

Kittel, A.M./ Jenatschke, F.: Myofunktionelle Therapie (MFT) bei Dysfunktion der Zungen-, Kiefer- und Gesichtsmuskulatur. Sprache-Stimme-Gehör 8 (1984), 113-116

Klein, G.: Pädagogische Frühförderung ist mehr als Therapie. In: Kautter, H./ Klein, G./ Laupheimer, W./ Wiegand, H.-S.: Ganzheit und Selbstgestaltung als zwei Leitgedanken eines Handlungsforschungsprojektes zur Frühförderung. Frühförderung interdisziplinär 2 (1983), 6-10

Klein, Melanie: Die Psychoanalyse des Kindes. Wien [3]1959

Kluge, N.: Spielen und Erfahren. Bad Heilbrunn 1981

Knura, Gerda: Sprachstörung als Lernstörung – Hemmnisse in der Schullaufbahn sprachbehinderter Kinder. Die Sprachheilbarkeit 18 (1973), 129-138

dies: Sprachbehinderte und ihre sonderpädagogische Rehabilitation. In: Gutachten und Studien der Bildungskommission, Sonderpädagogik 4, Bd. 35, Stuttgart 1974, 103-198

dies.: Grundfragen der Sprachbehindertenpädagogik. In: Knura, Gerda/ Neumann, B. (Hrsg.): Pädagogik der Sprachbehinderten. Handbuch der Sonderpädagogik. Bd. 7. Berlin 1980, 3-64

Knura, Gerda/ Neumann, B.: Methoden der Sprachtherapie. In: Knura, Gerda/ Neumann, B. (Hrsg.): Pädagogik der Sprachbehinderten. Handbuch der Sonderpädagogik. Bd. 7., Berlin 1980, 161-173

Kochan, Barbara (Hrsg.): Rollenspiel als Methode sprachlichen und sozialen Lernens. Kronberg 1975

Kramer, Josefine: Der Sigmatismus. Solothurn [2]1967

Kregcjk, K.: Sprachheilpädagogisches Arbeiten an der Artikelzuordnung und der Artikelbiegung mit Hilfe von Symbolen. Der Sprachheilpädagoge 16 (1984), 3, 63-72

Kreye, H.: Grundstrukturen der deutschen Sprache und ihr didaktischer Aufbau an Sonderschulen. Berlin 1972

Kroppenberg, D.: Sprachliche Beeinträchtigung unter sonderpädagogischem Aspekt. Berlin 1983

Leischner, A.: Aphasien und Sprachentwicklungsstörungen. Stuttgart 1979

Lenneberg, E.H.: Biologische Grundlagen der Sprache. Frankfurt a.M. 1972 (engl.: 1967)

Liebmann, A.: Agrammatismus infantilis. Arch. Psychiat. Nervenkr. 24 (1901), 240-252

Löwe, A.: Sprachfördernde Spiele für hörgeschädigte und für sprachentwicklungsgestörte Kinder. Berlin [5]1980

Lompscher, J. (Hrsg.): Psychologie des Lernens in der Unterstufe. Berlin (DDR) 1975

Lotzmann, G. (Hrsg.): Elternberatung und Familientherapie bei Sprach-, Sprech- und Hörstörungen. München 1981

Luria, A.R.: Die höheren kortikalen Funktionen des Menschen und ihre Störungen bei örtlichen Hirnschädigungen. Berlin (DDR) 1970

ders.: The Working Brain. Harmondsworth [3]1978

ders.: Sprache und Bewußtsein. Köln 1982

Martens, C. und P.: Phonetik der deutschen Sprache. München [2]1965

dies.: Abbildungen zu den deutschen Lauten. München [3]1972

McConkey, R./ Jeffree, D./ Henson, S.: Involving parents in extending of their young mentally handicapped children. Brit. Journ. of Dis. of Com. 13 (1978), 203-218

McConkey, R.: Sharing knowledge of language with children and parents. Brit. Journ. of Dis. of Com. 16 (1981), 3-10

McDade, H.L.: A parent-child interactional model for assessment and remediating language disabilities. Brit. Journ. of Dis. of Com. 16 (1981), 175-183

Minuchin, S.: Familie und Familientherapie. Freiburg [5]1983

Minuchin, S./ Fishman, H.Ch.: Praxis der strukturellen Familientherapie. Freiburg 1983

Möller, Ursula/ Zimmermann, Rose/ Pfalzgraf, Renate: Sprachförderung, die Spaß macht. München 1979

Moor, P.: Heilpädagogik. Ein pädagogisches Lehrbuch. Bern 1965

Moreno, J.L.: Gruppenpsychologie und Psychodrama. Stuttgart 1959

Motsch, H.-J.: Veränderungen verbaler Mutter-Kind-Interaktionen bei sprachentwicklungsgestörten Kindern. u.v. Manuskript 1981

ders.: Wandlungen im Handlungsbereich der Logopädie. Vierteljahresschrift für Heilpäd. (VHN) 52 (1983), 321-334

ders.: Modell studienintegrierter Vorbereitung auf die konkrete therapeutische Arbeit. Vierteljahresschrift für Heilpäd. (VHN) 52 (1983a), 61-64

ders.: Stottern. In: Aschenbrenner, H./ Rieder, K. (Hrsg.): Sprachheilpädagogische Praxis. Wien 1983b, 88-134

ders.: Sprachliches Imitationslernen – oder was nützt dem Kind ein gutes Sprachmodell? Vierteljahresschrift für Heilpäd. (VHN) 53 (1984), 310-323

Mucchielli, R.: Das nicht-direktive Beratungsgespräch. Salzburg 1972

Muchitsch, Elvira: Das nicht-direktive Beratungsgespräch mit Bezugspersonen Behinderter. Der Sprachheilpädagoge 10 (1978), 3, 17-32

Muray, Eva: Über die Verwendung von Puppen in der Gruppenarbeit mit Sprachbehinderten, besonders bei frühkindlichen Kommunikationsstörungen. In: Aschenbrenner, H. (Hrsg.): Sprachbehinderungen und Gruppenaktivitäten. Wien/ München 1980, 103-111

Oevermann, U.: Schichtenspezifische Formen des Sprachverhaltens und ihr Einfluß auf kognitive Prozesse. In: Roth, h. (Hrsg.): Begabung und Lernen. Stuttgart 1968, 297-355

Orthmann, W.: Zur Struktur der Sprachgeschädigtenpädagogik. Berlin 1969

ders.: Geschichte der Sprachbehindertenpädagogik. In: Knura, Gerda/ Neumann, B. (Hrsg.): Pädagogik der Sprachbehinderten. Handbuch der Sonderpädagogik. Bd. 7, Berlin 1980, 67-121

Overbeck, Annegret: Sprachbehinderung und Familientherapie. In: Deutsche Gesellschaft für Sprachheilpädagogik e.V. (Hrsg.): Psychosoziale Aspekte bei Sprachbehinderungen. Hamburg 1979, 127-138

Petzold, H.(Hrsg.): Die Rolle des Therapeuten und die therapeutische Beziehung. Paderborn 1980

ders.: Die Rolle des Therapeuten und die therapeutische Beziehung in der integrativen Therapie. In: Petzold, H. (Hrsg.): Die Rolle des Therapeuten und die therapeutische Beziehung. Paderborn 1980,. 223-290

Peuser, G.: Aphasie. Eine Einführung in die Patholinguistik. München 1978

Piaget, J.: Das Erwachen der Intelligenz beim Kinde. Stuttgart 1973

Rambatz, Käte: Möglichkeiten der Sprachtherapie bei expressiver Aphasie im Kindesalter unter besonderer Berücksichtigung des Dysgrammatismus. Die Sprachheilarbiet 22 (1977), 101-116

Rauh, Hellgard: Ganzheitlichkeit und Methoden in der Frühförderung aus entwicklungspsychologischer Sicht. Frühförderung interdiszipliär 2 (1983), 145-156

Reinartz, A. et al. (Hrsg.): Wahrnehmungsförderung behinderter und schulschwacher Kinder. Berlin 1979

Remmler, S.: Vergleichende Untersuchungen zur Morphologie und Syntax 5-6jähriger normalsprechender und agrammatisch sprechender Kinder. Ermittlungen grammatischer Fehlleistungen – Erarbeitung eines Prüfverfahrens. Dissertation. Berlin (DDR) 1975 (zitiert nach Becker, K.P/ Sovák, M.: Lehrbuch der Logopädie. Köln [2]1975)

Reutlinger Projektgruppe Frühförderung – Kautter, H./ Klein, G. (Hrsg.): Frühförderung entwicklungsverzögerter und entwicklungsgefährdeter Kinder. Stuttgart 1982

Richter, H.E.: Eltern, Kind und Neurose. Reinbek bei Hamburg 1969

ders.: Patient Familie. Reinbek bei Hamburg 1972

Rieder, K.: Sprachförderne Übungen und Spiele. Wien/ München 1980

van Riper, Ch./ Irwin, J.V.: Artikulationsstörungen. Berlin [2]1976 (engl. 1958)

Rösler, A./ Geißler, G.: Die fröhliche Sprechschule. Theorie und Praxis der heilpädagogischen Behandlung von Sprachstörungen. Berlin [8]1976

Rösler, H.-D./ Dudeck, A./ Gebert, K./ Vehrschild, T.: Pädagogische und soziale Bedingungen. In: Göllnitz, G./ Kulz, J./ Uschakow, G.K.: Zur Kompensation und Dekompensation in der kindlichen Entwicklung. Jena 1980, 207-214

Rogers, C.R.: Die nichtdirektive Beratung. München 1972 (engl. 1942)

ders.: Die klient-bezogene Gesprächstherapie. München 1973 (engl. 1951)

ders.: Lernen in Freiheit. München 1974 (engl. 1969)

ders.: Die Kraft des Guten. Ein Appell zur Selbstverwirklichung. München 1978 (engl. 1977)

Rutte, V.: Die Behandlung des Dysgrammatismus. In: Dennerlein, H./ Schramm, K. (Hrsg.): Handbuch der Behindertenpädagogik. Bd. 2. München 1979, 63-70

ders.: Dysgrammatismus. In: Aschenbrenner, H./ Rieder, K. (Hrsg.): Sprachheilpädagogische Praxis. Wien 1983, 141-177

Rutte, V./ Ballinger, E.: Komplexes Sprachtraining. Wien/ München 1980

Saint-Exupéry, A. de: Der kleine Prinz. Düsseldorf 1984 (Erstauflage 1946)

Satir, Virginia: Familienbehandlung. Freiburg 1973 (engl. 1963)

Schaar, E.: Wie kann ich meinem Kind beim Sprechenlernen helfen? In: Deutsche Gesellschaft für Sprachheilpädagogik e.V. (Hrsg.): Störungen der Sprachentwicklung. Hamburg 1977, 191-196

Schäfer, Hildegard: Bildwortserie zur Lautagnosieprüfung und zur Schulung des phonematischen Gehörs. Die Sprachheilarbeit 18 (1973), 83-89

dies.: Die neue „Bildwortserie". Die Sprachheilarbeit 20 (1975), 22-27

Scherer, K.P.: Vokale Kommunikation. Nonverbale Aspekte des Sprachverhaltens. Weinheim ind Basel 1982

ders.: Nonverbale Kommunikation: Forschungsberichte zum Interaktionsverhalten. Weinheim und Basel [2]1984

Schlack, H.G.: Ganzheitlichkeit und Methoden in der Frühförderung aus medizinischer Sicht. Frühförderung interdisziplinär 2 (1983), 102-111

Schlenker-Schulte, Christa/ Schulte, K./ Botzenhardt, Ruth: Sprechspiele. Villingen-Schwenningen 1984

Schmidtchen, St.: Klientenzentrierte Spieltherapie. Weinheim und Basel 1974

ders.: Handeln in der Kinderpsychotherapie. Stuttgart 1978

ders.: Indikation zur Spieltherapie. In: Benecken, J. (Hrsg.): Kindespieltherapie. Stuttgart 1982, 18-37

Schmidtchen, St./ Erb, Anneliese: Analyse des Kinderspiels. Köln 1976

Schneewind, K.A.: Ungleichheiten von Familien und Kindern im kulturellen Kontext. Behindertenpädagogik 22 (1983), 194-226

Schneider, Hildegard: Das Spiel in der sprachheilpädagogischen Behandlung. In: Deutsche Gesellschaft für Sprachheilpädagogik e.V. (Hrsg.): Störungen der Sprachentwicklung. Hamburg 1977, 147-152

Scholz, H.J.: Von der Notwendigkeit linguodiagnostischer Verfahren für die Zeit der Sprachentwicklung. Die Sprachheilarbeit 15 (1970), 97-103

ders.: Zum phonologischen Aspekt des Spracherwerbs und dessen Bedeutung für die Dyslalie. Die Sprachheilarbeit 19 (1974), 145-152

ders.: Einige psycholinguistische Bemerkungen zum Entwicklungsdysgrammatismus. In: Peuser, G. (Hrsg.): Brennpunkte der Patholinguistik. München 1978, 275-289

ders.: Sprachwissenschaftliche Aspekte. In: Knura, Gerda/ Neumann, B. (Hrsg.): Pädagogik der Sprachbehinderten. Handbuch der Sonderpädagogik. Bd. 7. Berlin 1980, 621-649

ders.: Zum Grammatikbegriff im Konzept des Entwicklungsdysgrammatismus. Der Sprachheilpädagoge 13 (1981), 3, 34-44

ders.: Der Fach- und der Vermittlungsaspekt einer Primärsprachdidaktik für Sprachbehinderte. Der Sprachheilpädagoge 16 (1983), 2, 44-49

Schulte, K.: Phonembestimmtes Manualsystem (PMS) – Forschungsergebnisse und Konsequenzen für die Artikulation hörgeschädigter Kinder. Villingen 1974

ders.: Sprechlehrhilfe PMS. Heidelberg 1980

Schulte, K./ Schlenker-Schulte, Christa: Einführung in das Video-Sprech-Lehr-Programm Stammlertherapie (SPLT). In: Arbeiterwohlfahrt Weser-Ems e.V. (Hrsg.): Prävention und Sprachbehinderung. Oldenburg 1982, 82-123

Schulze, A.: Eine Spiel- und Beschäftigungsserie für entwicklungsgehemmte und erziehungsschwierige Kinder. In: von Bracken, H. (Hrsg.): Erziehung und Unterricht behinderter Kinder. Frankfurt 1968, 457-464

Schwab, R.: Die Rolle des Therapeuten und die therapeutische Beziehung in der Gesprächstherapie. In: Petzold, H. (Hrsg.): Die Rolle des Therapeuten und die therapeutische Beziehung. Paderborn 1980, 57-82

Seidl, Erna et al.: Rollenspiele für Grundschule und Kindergruppe. München 1976

Seyd, Waltraud: Sprache und Bewegung. Sprechzeichnen – Fadenspiele – Blasspiele. Spiele mit den Sprechwerkzeugen. Villingen 1972

dies.: Richtig sprechen lernen. Villingen o.J.

Shaftel, F.R. et al.: Rollenspiel als soziales Entscheidungstraining. München 1976

Sommer, A.: Rhythmisch-psychomotorische Erziehung für Sprachbehinderte. In: Dennerlein, H./ Schramm, K. (Hrsg.): Handbuch der Behindertenpädagogik. Bd. 2. München 1979, 130-135

Speck, O.: Pädagogische Frühförderung behinderter Kinder unter den Aspekten der Regionalisierung und Interdisziplinarität. Rehabilitation 19 (1980), 102-106

ders.: Das gewandelte Verhältnis zwischen Eltern und Fachleuten in der Frühförderung. In: Speck, O./ Warnke, A. (Hrsg.): Frühförderung mit den Eltern. München 1983, 13-20

ders.: Ganzheitlichkeit und Methoden in der Frühförderung. Frühförderung interdisziplinär 2 (1983a), 97-101

Speck, O./ Warnke, A. (Hrsg.): Frühförderung mit den Eltern. München 1983

Spörri, Claire-Lise: Über die Schwierigkeiten einer Zusammenarbeit zwischen Fachleuten und Eltern in der Frühförderung. Frühförderung interdisziplinär 1 (1982), 69-78

dies.: Gegenwärtig praktizierte Formen der Elterngruppenarbeit in der Frühförderung. In: Speck, O./ Warnke, A. (Hrsg.): Frühförderung mit den Eltern.

München 1983, 131-150

dies.: Problemzonen der Frühförderung. Frühförderung interdisziplinär 3 (1984), 58-65

Steffen, H.: Familie und Spracherwerb. Die vorsprachliche und sprachliche Entwicklung im familiären Dialog: Wurzeln der Kompetenz und der Verwundbarkeit. Z.f. Gruppenpäd. 5 (1979), 103-116

Stierlin, H.: Von der Psychoanalyse zur Familientherapie. Stuttgart 1975

Strothmann, Martina/ Zeschitz, M.: Grenzen elterlicher Kooperation in der Frühförderung. In: Speck, O./ Warnke, A. (Hrsg.): Frühförderung mit den Eltern. München 1983, 85-115

Szagun, Gisela: Sprachentwicklung beim Kind. München/ Wien/ Baltimore 1980

dies.: Bedeutungsentwicklung beim Kind: wie Kinder Wörter entdecken. München/ Wien/ Baltimore 1983

Tamm, P.: Der Einsatz des Münchner Trainingsmodells in der Ausbildung von Studierenden des Faches Logopädie an der Logopädischen Lehranstalt Oldenburg. Die Sprachheilarbeit 29 (1984), 221-228

Tausch, R./ Tausch, Anne-Marie: Gesprächspsychotherapie. Göttingen [8]1981

Teumer, J.: Zur Struktur der Sonderschule für Sprachbehinderte. Die Sprachheilarbeit 17 (1972), 1-12

ders.: Prävention von Lerngefährdungen im schriftsprachlichen Bereich bei sprachauffälligen Kindern. In: Deutsche Gesellschaft für Sprachheilpädagogik e.V. (Hrsg.): Konzepte und Organisationsformen zur Rehabilitation Sprachbehinderter. Hamburg 1983, 141-152

Vopel, K.: Interaktionsspiele für Kinder. Hamburg 1977

Teil I: Kontakt – Wahrnehmung – Identität

Teil II: Gefühle – Familie und Freunde

Teil III: Kommunikation – Körper – Vertrauen

Teil IV: Schule – Feedback – Einfluß – Kooperation

Wängler, H.H.: Physiologische Phonetik. Marburg 1972

ders.: Grundriß einer Phonetik des Deutschen. Marburg [3]1974

Wängler, H.H./ Bauman-Wängler, Jacqueline: Phonetische Logopädie. Die Behandlung von Kommunikationsstörungen auf phonetischer Grundlage. Berlin 1983 (Lieferung 1-3)

Warnke, A.: Das Gespräch zwischen Therapeut und Eltern in der Frühförderung des behinderten Kindes. In: Speck, O./ Warnke, A. (Hrsg.): Frühförderung mit den Eltern. München 1983, 201-224

ders.: Kritische Nebenwirkungen der Zusammenarbeit mit den Eltern. In: Speck, O./ Warnke, A. (Hrsg.): Frühförderung mit den Eltern. München 1983a, 60-84

Watzlawick, P. / Beavin, Janet H./ Jackson, D.D.: Menschliche Kommunikation. Formen, Störungen, Paradoxien. Bern/ Stuttgart/ Wien 1969

Watzlawick, P./ Weakland, J.H./ Fisch, R.: Lösungen. Zur Theorie und Praxis menschlichen Wandels. Bern/ Stuttgart/ Wien 1974

Watzlawick, P.: Wie wirklich ist die Wirklichkeit? München 1976

ders.: Die Möglichkeit des Anderssein. Zur Technik der therapeutischen Kommunikation. Bern/ Stuttgart/ Wien 1977

ders.: Anleitung zum Unglücklichsein. München 1983

Weinert, H.: Die Bekämpfung von Sprechfehlern. Berlin (DDR) [8]1977

Welte, Verena: Der Mottier-Test, ein Prüfmittel für die Lautdifferenzierungsfähigkeit und die auditive Merkfähigkeit. Sprache-Stimme-Gehör 5 (1981), 121-125

Wendlandt, W.: Rollenspiel im sonderpädagogischen Bereich. In: Wendlandt, W. (Hrsg.): Rollenspiel in Erziehung und Unterricht. München/ Basel 1977, 112-143

Werner, L.: Zur Integration sprachtherapeutischer Maßnahmen in das Planungsmodell für Unterricht der Berliner Schule. Die Sprachheilarbeit 17 (1972), 87-92

ders.: Therapieimmanenz in der Schule für Sprachgeschädigte. Die Sprachheilarbeit 20 (1975), 77-83

Westrich, E.: Der Stammler. Der Erlebnisaspekt in der Sprachheilpädagogik. Bonn-Bad Godesberg [2]1977

Weuffen, Maria: Sensomotorisches Differenzierungsniveau im Vorschulalter und der Schulerfolg sprachgestörter Kinder. Die Sonderschule 20 (1975), 89-95

Wulff, J.: Die ganzheitliche Sicht in der Sprach- und Stimmbehandlung und deren sprach- und entwicklungspsychologische Grundlagen. Die Sprachheilarbeit 9 (1964), 209-214, 243-249

Wulff, J. und H.: Übungsblätter zur Sprachbehandlung. Hamburg o.J.

Wyatt, Gertrud L.: Entwicklungsstörungen der Sprachbildung und ihre Behandlung. Stuttgart 1973 (engl. 1969)

Wygotzki, L.S.: Denken und Sprechen. Frankfurt a.M. [5]1977 (russisch 1934)

Zuckrigl, A.: Sprachschwächen. Villingen 1964

Zuckrigl, A. und Hildegard/ Helbling, H.: Rhythmik hilft behinderten Kindern. München/ Basel 1976

Zulliger, H.: Heilende Kräfte im kindlichen Spiel. Stuttgart 1959

7. Sachregister

Handbuch der Sprachtherapie

in 8 Bänden

Handbuch der Sprachtherapie · Band 4
Herausgegeben von Manfreed Grohnfeldt

Störungen der Grammatik

EDITION MARHOLD

Herausgegeben von
Prof. Dr. Manfred Grohnfeldt,
Direktor des Seminars für
Sprachbehindertenpädagogik
an der Universität zu Köln
unter Mitarbeit von über 100
namhaften Fachwissenschaftlern
und ausgewiesenen Praktikern.

Band 1
Grundlagen der Sprachtherapie
2. Aufl. 1996, 1XIII, 356 S., mit mehreren Abb. u. Tab., Oktav, Leinen, DM 64,–
ISBN 3-89166-440-0

Band 2
Störungen der Aussprache
2. Aufl. 1996, XIV, 290 S., mit mehreren Abb. und Tab., Oktav, Leinen, DM 54,–
ISBN 3-89166-441-9

Band 3
Störungen der Semantik
1991, XIV, 258 S., mit mehreren Abb. und Tab., Oktav, Leinen, DM 54,–
ISBN 3-89166-442-7

Band 4
Störungen der Grammatik
2. Aufl. 1997, XIV, 284 S., mit mehreren Abb. und Tab., Oktav, Leinen, DM 58,–
ISBN 3-89166-443-5

Band 5
Störungen der Redefähigkeit
1992, XX, 545 S., Oktav, Leinen, DM 98,–
ISBN 3-89166-444-3

Band 6
Zentrale Sprach- und Sprechstörungen
1993, XVIII, 531 S., mit mehreren Abb. u. Tab., Oktav, Leinen, DM 98,–
ISBN 3-89166-445-1

Band 7
Stimmstörungen
1994, XVIII, 466 S., mit mehreren Abb. u. Tab., Oktav, Leinen, DM 98,–
ISBN 3-89166-446-X

Band 8
Sprachstörungen im sonderpädagogischen Bezugssystem
1995, XVIII, 457 S., mit mehreren Abb. u. Tab., Oktav, Leinen, DM 98,–
ISBN 3-89166-447-8

EDITION MARHOLD

Postfach 61 04 94 · 10928 Berlin
Tel. 030/691 70 73 · Fax 030/691 40 67